人生の流儀

jinsei no ryuugi

新日本出版社

人生の流儀——目次

萩本欽一さん 11
母ちゃんとの約束果たしに 12
食事抜いてチャップリン 16
〝運〟は必ずやってくる 19
やっと親孝行できました 23

加古里子さん 27
子どもたちに僕の償い 28
子どもに弟子入り 32
将来を見通す力 35

高村 薫さん 39
「なぜ」から始まる私の世界 40

いま 死も生も座りが悪い　44
作家デビューをした頃　47
稲川淳二さん……51
怖いだけじゃない、優しい世界　52
おしゃべりが〃あだ〃に　56
入院しても怪談――看護師さんが「キャー」　60
降旗康男さん……65
「少年H」と「ホタル」　66
9条のおかげで命拾い　70
高倉健さんとの半世紀　74
「鉄道員」、「あなたへ」　77

市原悦子さん 81
戦争、同じ年の子が犠牲になった 82
「家政婦は見た！」と「まんが日本昔ばなし」 86
役にあやかって大きくなれた 89

倉本 聰さん 93
人々のふるさと奪った原発事故——罪負う気あるのか 94
〝浪費が善〟という不思議な思想——原点から考え直すとき 96
「北の国から」考えたこと——一寸ずつ動かせば必ず動く 99
「創」と「作」は違う——金がないなら智恵しぼれ 103
おやじから受け継いだもの——損得考えず真っすぐ生きる 106

鈴木瑞穂さん 111
軍国主義から目覚めた平和 112

初舞台から63年――自分を磨き抜けば個性が残る　116
僕が出会った監督たち　119

村山　斉さん　123

素粒子から宇宙が見える　124
１３８億歳の宇宙　127
驚きに満ちた宇宙　131

田沼武能さん　135

66年、肖像を撮り続けて――顔は本質、人生写したい　136
わが師・木村伊兵衛の言葉――被写体にほれろ、語らせろ　139
ユニセフ親善大使・黒柳徹子さんと30年――夢語る戦禍の子どもたち　143

山川静夫さん 147
歌舞伎にのめり込んだ学生時代 148
アナウンサーの修業時代 152
科学番組「ウルトラアイ」 155
「紅白」白組を9年 159

橋田壽賀子さん 163
終戦後食糧難で山形へ――20歳で出合ったおしんの原点 164
結婚しなきゃ書けなかった 168
自分の脚本、演技で変化 171

益川敏英さん 175
「二足のわらじ」を継いで――学問と平和ともに大事 176
勉強嫌いの小学校時代――〝勘違い〟で理科好きに 180

素粒子研究の巨人たちと　184
益川・小林理論にお墨付き　187

那須正幹さん　191

『ズッコケ』は平和の申し子　192
広島で被爆、生き抜いた人たち　196
誰もやっていないものを　199

あとがき　203

※収録順不同

コメディアン

萩本欽一さん

母ちゃんとの約束果たしに

74歳の大学生

――この春からは大学1年生。どんな学生生活なのか。〝いつも元気〟の根っこにある人生哲学とは――。授業を終えたばかりの欽ちゃんを訪ねました。

74歳の新入生。同級生はもちろん、教員もみんな年下です。

何よりうれしいのは誰一人、「萩本さん」っていう人がいないのね。先生までみんな「欽ちゃん」。何年頃前からかな、僕は「欽ちゃん」が「萩本さん」になった時、ああ、年取ったなあって思いました。再び「欽ちゃん」と呼ばれる時代が来たのが最高ですね。

〝失敗〟に期待

――この日は英語の授業がありました。

みんな失敗しちゃいけないと緊張しているのに、僕だけは失敗を待たれている。女の子なんか失敗を予測して、クックと噴いてるからね。みんなが笑いを待っているという感じ。だから期待にこたえて失敗します。

英語で先生に「あなたの家族は?」と質問された時も、みんなは「ｆａｔｈｅｒ（父）、ｍｏｔｈｅｒ（母）」と答えているのに、僕は「ｓｅｃｒｅｔ（秘密）」。先生が「次の質問もシークレットですか」というから「イエス」。みんな笑ってましたよ。先生の話にもついツッコミを入れちゃう。それで先生の言ったことを落としちゃうんだ。この癖はやめないとダメだね。

家に帰ったら帳面を整理します。授業中、じゃんじゃん書くでしょ。でも書いてあることが自分で理解できない。ドイツ語なんか、みんな辞書ひいて全部カタカナ振ってます。まるで10メートル先にある勉強を一生懸命追っかけてる感じ。「ちょっと勉強、先に行かないで」って。ゴールデンウイークは朝7時から夜12時まで家で帳面の整理でした。1日あと6時間ほしいぐらい。人生でこんなに忙しいこと、ないね。

――入学したのは駒沢大学仏教学部です。

たまたま僕が大学に呼ばれて話したのが駒沢大学だったんです。だってうれしいでしょう。僕、大学も出ていないのに学生を前に話してくれって。こんなありがたい話、ないじゃないですか。ですからそのとき言ったの。「僕、うれしいから駒沢大学受けちゃおうかな」って。
大学って面白いところだね。インドから中国に伝えられたブッダの言葉が「疑わしい」と、今でも先生たちは研究している。大学は高校と違って教えたものを覚えるんじゃないのね。自分で疑って資料で調べて自分なりの考えをしなきゃならない。だから僕はしょっちゅう疑ってる。でもギャグで疑ってるからどうにもなんないね。

――仏教の本を1冊読んで感想文を書く課題がありました。

本には、民衆の中に飛び込んで、いろいろなことを説いたすてきなお坊さんがいて、立派だというので権力側が大僧正（僧侶の最高位）にしたとありました。でも僕には、本にはなかったお坊さんのその後が見える。大僧正の就任式の次の日には、大僧正の衣装を脱いでまた町へ戻って行った。そうあってほしいと書きました。僕としては、その地位に収まったというんじゃ嫌だったの。先生が赤ペンで、「不思議なところに目を留めましたね」とコメントしてくれました。

楽はダメだよ

――より高みを目指すのが〝欽ちゃん流〟。軽演劇の舞台出演を引退したのが2014年3月、翌月から大学受験の猛勉強を始めました。

一つ仕事がなくなったことで「楽になった」と思う欽ちゃんはダメだよって、自分で思ったの。だとしたら何か足さなきゃいけない。足すんなら今一番大変なことを足した方がいいよ、と。夢はでかいほど実現するからね。今一番大変なことってなあに？　と考えたの。人間年を取ると、少しずつボケが始まるでしょ。それなら答えは簡単。ボケに負けないで大学受験に挑戦してみようと。

社会人入試の受験科目は英語と小論文と面接で、英語の試験に必要なのは英単語3000語。家庭教師に来てもらったけど最初の4カ月は何も覚えられない。年を取ると、自分の生活と近いものは覚えるけど、そうじゃないものは、はじくんです。僕にとって、英語ってのは相当遠いところにありますからね。

これはダメだというので、よーし、全部、絵が浮かぶようにしてやろうと、英単語を自分なりに分解しました。笑いや芝居のせりふにしたり、暗号を入れてイメージをつくるの。自分で参考書を作ったら14冊になりました。それからは一気に覚えた。

僕は40代にも予備校で勉強したことがあります。自分に限界を感じちゃったの。ボキャブラリーが少ない。歴史も知らない。40代でやるテレビは、そこを補わないと無理かなと思った。

僕の家は貧乏だったから高校を出てコメディアンになりました。母ちゃんには「大学には将来、お金を稼げるようになってから行けばいいさ」と言ってね。大学の志望動機にもそのことを書こうとしたけど、読み返してるうちに子どもっぽいな、と思ってやめました。僕にとって大学に行くことは、母ちゃんとの約束でもあるんです。

食事抜いてチャップリン

高校時代

——欽ちゃんは、6人きょうだいの5番目に生まれました。

僕は競争に弱い子だったのね。小学校や中学校の修学旅行なんかで駅に列車が着くと、みんな一気に乗るわけね。あの勢いがダメな子だったの。

みんなが乗るまでずっと待ってて、座れずデッキに立つ僕を、先生が「またここか。ちょっと待ってろ」と呼びにきてくれる。そんな子ども時代でした。

——幼い頃は、お手伝いさんが二人もいる裕福な家庭でした。ところが父親の事業が失敗。中学3年のとき、欽ちゃんは借金取りに土下座して謝る母親の姿をまのあたりにします。

そのとき初めて貧乏なんだと気付いたの。涙が出て、「お金を稼いで母親に楽をさせたい」と強烈に思った。

高校時代もお弁当を持って行ったことは、なかったね。だって僕が高校に入った頃、家で食べてたのは、ほとんどおかゆ。おかゆじゃ、こぼれちゃいますから。昼休みは一人で屋上に行って、空に好きな天丼を描いていました。おとなになったら天丼を食おうか、かつ丼が先かなあ、なんてね。でもちっとも嫌じゃなかったな。

あの頃、母親がお弁当の代わりに50円くれた。「それでパンを買って」と言われたけど、これで3本立ての映画が見られるなあ、なんて。

――それがチャップリンの映画でした。

おかしかったなあ、おかしかったなあって思い出しながら歩いているうちに、いつのまにか家に着いちゃう。ごはんも食べてないのに満たされてるの。

そのときにチャップリンってすげえなあ、と思った。30分か40分、ひとつも歩いてるってことを意識させないのに感激しましたね。

――母親の土下座を見て以来、うちの借金を返すためにコメディアンになろうと決意した欽ちゃん。高校卒業後、東京・浅草の東洋劇場に入りました。

先輩に「いつ一人前になれますか」と聞いたら、「なるヤツ少ないから、順番。修業してジッと待っていれば、順番が来るから」と。いい仕事を選んだなと思いました。

才能があるとかではなくて順番なんです。だって僕のような、あがり症で間抜けなヤツが、どう考えても運が良かった。偶然、いい人に出会って、その人が運を運んできてくれたんです。人と出会うってのは、大きな運ですよね。

——師匠の池信一さんとの出会いも、その一つです。

劇場に入って3カ月目、演出家の緑川史郎先生に「コメディアンの才能ないから辞めろ」って言われたんです。そのとき池さんが、「いまどきあんなにいい返事する子いないから、下手だけど置いてくれ」って掛け合ってくれたの。

高校時代、レストランで働いていたとき、「チャーハン!」って言われると、「はい〜っ!」っていつも怒鳴ってたのね。それが生きた。緑川先生が、「この世界で大事なのは、うまいとか下手じゃない。あいつを応援したいって、劇場トップの師匠に思わせたんだから、おまえ、きっと一人前になるよ」と言ってくれました。

——欽ちゃんが家庭の事情で休業しようとしたときも、池さんはみんなのカンパで窮地から救ってくれました。

この日が人生で一番泣いたかもしれない。師匠は、「おまえにあれこれ教えてもわかんないから、10年間デカイ声出しとけ」とだけ言って劇場を去りました。次にトップに立つ東八郎さんに「欽坊を頼む」と託してね。
「コント55号」がウケなかったとき、やけくそで師匠が言ったように怒鳴りました。「なんでそーなるの！」って。ハッと気がついたら跳んでたんですよ。それがウケた。大きな声を出すと体がついてくる。師匠のたった一言が、大きな運を運んでくれたんです。

〝運〟は必ずやってくる

大失敗後にコント55号結成

――高校時代から〝運〟を意識するようになった欽ちゃん。〝運〟については一家言持っています。

僕の書いた運の本に、女の子から手紙が来たの。新入社員でいつも上司に怒られて会社に行くのが嫌になっていたそのとき、たまたま僕の本を読んだんだって。そこに「怒られるごとに運がたまっている」とあって、今は運をためてる時期なんだと思ったら、会社が楽しくなってきたって言うの。

――欽ちゃん自身、こんな経験があります。

僕は、ひどい目に遭ったとき、「次、でっかい運がやってくるかな」と思うんです。現にテレビでコマーシャルの生放送を19回トチる大失敗をして、ションボリして熱海に行っていたときがそうでした。2カ月たって、やり直そうと浅草の下宿に帰って来たら、その日に（坂上）二郎さんから電話があったの。それがコント55号の結成につながったのね。

奇跡だね。1日遅れて帰って来てたら二郎さんとコンビになってないんだもんね。負けは負けのまま終わらない。人生ってうまくできているね。

――20代半ばだった欽ちゃんは、二郎さんとこんな話をしました。

二郎さんに「コマーシャルで失敗してさ。テレビはもう永久にないね」って言ったら、二郎さんも「俺も永久にないよ」と言うの。

2人で「テレビなんか、もう出ることないさ」と思ってやりだしたら、今度はテレビの方から「出したい」って声がかかった。テレビに出るつもりないから、「マイクの前でやってくれ」っていうのを無視して、舞台の端から端まで走り回ったの。それが評判になった。

――以来、コント55号は人気絶頂に。

わかんない世界だよね。テレビに出たいときは、せりふ一つしかくれなかったのに。大体頭の後ろしか映ってなくて、顔が映ってないんだもん。

だからずっと後になって自分の名前がついた番組を始めたときには、無名の子たちをアップで撮ってあげた。この悲しい体験があったからね。その子たちが、みんな有名になって僕の番組を（視聴率）30パーセントに持って行ってくれた。全部、運。そういう目に遭ったってことが、ちゃんとチャラになってるんです。

――自分の名前がついた番組の誕生は、弟子の一言がきっかけでした。

僕はチャップリンを目指してたのでアメリカに行こうと思ったの。そしたら弟子の車だん吉が「そうですか。残念ですね」って言うのね。「〝コント55号〟って名前は日本中で有名になったけど、〝萩本欽一〟って名前は、とうとう有名ではなかったですね」と。

この野郎、ムッとすること言うなあ。悔しいなあ。じゃあ、1本だけ「欽ちゃんの」という番組をつくってから行く、と言ったのね。これが、「萩本欽一ショー　欽ちゃんのドンとやってみよう！」につながるわけです。

「恩人」と「人恩」

――「欽ドン！」「欽どこ」と次々大ヒットを飛ばした欽ちゃん。そこから多くの芸人、放送作家が巣立ちました。

ダメなヤツは俺の仲間だと思うから、ダメなヤツほど応援したくなるね。小堺一機は最初にテレビに出た時、ガタガタ震えていたからね。後になって小堺が、「（欽ちゃんから）『あがるヤツ、好きなんだよ』と言われたのが励みになった」って言ってたけど、違うの。俺と互角のあがり症のヤツがいるんだ、スゲーッて、バカにうれしかったの。この子がもし有名になったら、この子も俺もすごい幸せに思うだろうなあって。

ですから師匠でも何でもないの。教えたこと1回もないんだもの。テレビに出るきっかけをつくってあげただけでね。でも面白いよね。僕を師匠みたいに言うんだもんね。関根勤も僕のことを恩人っていうけど、僕からするとその逆。アイツが活躍していることで、僕は随分恩恵を受けていると思うの。辞書にはないけど「人恩」。「恩人」と「人恩」は裏表。だから恩返しなんかいらない、って言うの。

やっと親孝行できました

五輪司会に母、うれし泣き

――日本を代表するコメディアンになった欽ちゃんは、これで母親孝行ができると思いました。でも母親の反応は意外なものでした。

家を訪ねると、「昼間、ここに来るんじゃありません。近所の人にわかったら、どうするの！」って怒るの。母親はコメディアンというのは恥ずかしい、人様に笑われる職業と思ってたんですよ。

テレビと現実の区別がつかないのね。「欽どこ」で真屋順子さんと夫婦役をやったときも、俺が二つ家族をつくったと思っている。それで毎週、放送が終わると、うちの奥さんを電話で慰めるの。

「がっかりするんじゃないよ。あっちに家庭つくっちゃったけど、おまえの方にいい子がいて、あっちには見栄晴（欽どこファミリーの長男）ってバカがいるから」って。すべて本気なの。

――そんな母親に欽ちゃんが親孝行できたのは、長野冬季オリンピックで閉会式の総合司会をやったときでした。

兄貴が「おまえ、いい仕事したな。母親がテレビの前で泣いているよ」と言うの。「ごめんよ。ごめんよ。欽一。何も悪いことしてきたんじゃないんだね」って。それからは、「欽一に会いたい、会いたい」って言ってね。

すると兄ちゃんが「母ちゃん、入院しよう」と病院に連れていくわけ。それで俺には「母ちゃん、死にそうだよ」と言うの。俺がすっ飛んでいくと、「ああ、欽一が来た。欽一に会えたね」と喜んで退院するんだよ。

俺にとっちゃ、すべてが〝ギャグ母さん〟。本当に面白い人だったね。

教えません

――常に夢を追い続けてきた欽ちゃん。「僕の人生は、みんなが寄るところには行かない」というものだったと言います。

子どもたちに僕が言ったのは、「みんなが右を向いていたら、とにかく1回左を見ろ。左にいいことがある。たくさん人が集まっているところには運がない」とね。

それと「嫌だ」と思ったことも、とりあえずやってみた。8年前、24時間テレビでチャリティーマラソンのランナーになってくれ、と言われたときも、本当はすごい嫌だったの。66歳という年齢ではキツイよ。でも嫌なことには運がある。

夢は大きければ大きいほど実現するんです。デカイと周りの人も気にするの。もし実現するなら、そこにいた方がいいかな、とどんどん人間が増えてくる。逆に夢が小さいと誰も寄ってこないね。

――テレビでも舞台でも、大切なのは〝勇気〟だと言います。

一番いけないのは、間違えないように、っていう神経なの。失敗するかもしれない。成功するかもしれない。でもそれを思い切ってやったときに、ウケるの。

それと人に何かを教える立場になったら、正解は教えないほうがいい。明治座の舞台でも、小倉（久寛）ちゃんが、こうやったらもっとウケるのにな、というときがあったの。誘導しても、なかなか気がつかなくて。

みんなからは、「小倉ちゃんに言ってあげたら」って言われたけど、僕はあえて言わなかった。僕に言われてウケても、幸せ感がなくなるからね。

あるとき、小倉ちゃんが自分で正解にたどりついた。お客さんがワーッと笑ってダーッと拍手が来た。そのときに俺、小倉ちゃんのところへ行って、「小倉ちゃん、おめでとう。

100点」と言ってパッと握手したわけ。そのあと小倉ちゃん、泣いてたって。
そういう物語が大事なの。失敗したら、もう1回やらせ、できたとき丸ごと相手の手柄になるようにした方がいいんです。時間はかかるけど、相手に「自分の力でここまで到達した」っていう達成感を持ってもらうことが大事なの。そうすれば、その人はグイグイ伸びる。辛抱の上に花が咲くんです。

（2015年7月）

絵本作家

加古里子さん

子どもたちに僕の償い

――代表作の一つ『からすのパンやさん』（1973年、偕成社）は、人気が低迷していたカラスのパン屋さんが4羽の子どもたちの奮闘で大評判になる物語です。2013年の春、40年ぶりに続編『からすのてんぷらやさん』が出版されました。

僕は小学2年生の時、福井から東京に引っ越してきて初めてパンというものを食べたんです。世の中にはこんなおいしいものがあったのかと驚きました。

『からすのパンやさん』を出してから、たくさんのお手紙をいただきました。「続きを描け」と言われてノートに描いてたんですが、なかなかいいアイデアが出てこない。何度もやり直しているうちに、いつのまにか40年たっていましたね。

40年ぶり続編

続編では、40年たったので4羽の子どもたちが成長してお菓子屋さん、八百屋さん、てんぷらやさん、そばやさんになる話にしました。全部で4冊です。

中でもレモンさん（子どもの一人）と仲間たちが火事に遭ったてんぷらやを再生させる『からすのてんぷらやさん』では、僕が東京で戦災に遭ったとき、見知らぬ人に助けてもらった体験を思い出しながら描きました。

その方はクリスチャンでしたが、終戦の年の4月、焼け出されて防空壕《ごう》にいた僕を自分の家に泊めてくださったのです。食糧難の時代なのに、おかゆみたいなのをくださってね。

そのとき僕は、人間の社会は互いに助け合い、補い合って成り立つことを知りました。それを伝えたいと思ったのが、このお話を描いたきっかけです。

戦争で死にはぐれた

僕は死にはぐれた人間なんです。僕の家は貧乏で、学資がないから海軍兵学校に行って飛行機乗りになろうと思いました。ところが近視が進んで軍人の学校を受験することすらできませんでした。すると励ましてくれていた先生方が、「軍人になれんようなやつは……」ときた。

反発して理科の方に進んで、終戦の年に東京大学工学部に入ったんですが、もう講義もなくて、やることは木造家屋の引き倒しの作業です。そのうち神経痛になって学生の療養所に入りました。

その療養所で秘かに聞いたラジオから、アメリカの短波放送で「日本の戦艦の何々が沈没しました。数十日で日本に上陸する予定です」と知ったので、三日がかりで父の郷里の三重県に疎開してやれやれと思ったら終戦です。9月になって大学が再開するので戻ったんですが、毎日、食べるために生きてるようなもので、なんで自分は生きてるんだろうと迷っていました。

僕も特攻に行っていれば死んでいたはずなんです。兵学校や士官学校に行った旧友は、みんな特攻で死にましたからね。僕だけ死にはぐれたみたいで、いたたまれなかった。せめて少しでも子どもたちの役に立つことをしたい。そうすれば「あいつが生きている意味があったな」と思われるかなと。

軍人になろうとした中学生の頃の僕は、日本や外国の歴史、世の中のことを勉強しなかったために、日本の国策が間違っていると判断する思慮がありませんでした。

おとなというのは頼りにならない。子どもたちには僕みたいな失敗はしないでくれよと。よく勉強して自分で考えて判断する賢い人間になってくれよと。そのお手伝いをすることが、僕の償いだと思ったわけです。

子どものことを知ろうと、大学時代は文学部の教育学科の講義に潜り込んで聴講しました。でも抽象論で、ぜんぜん役に立たない。具体的にどうしたら子どもたちを賢く健やかな人間に導けるかという方法は、教えてくれないわけです。

プークを訪ね

その答えは子どもから学ぶしかないと思い、大学卒業後、人形劇団プークを訪ねました。会社が終わるとすっとんでいって手伝っているうちに、主宰者の川尻泰司さんに見つかって観客組織の責任者になりました。

そこで顔見知りになった準劇団員の人に、「誰か子ども会を手伝ってくれる人はいませんか」と聞かれ、名乗りをあげていったのが、復活したセツルメント（社会救援活動）でした。

こうしてセツルメントでの子ども会活動が始まりました。セツルは社会福祉活動の一つで、小さなハウスを拠点に医療活動や勉強会などを行いました。僕が入ったのは、焼け跡がまだ整備されていない神奈川県川崎市の工員住宅街。子ども会は１９５０年から20年余り、47歳で会社を退社するまで続けました。

子どもに弟子入り

ザリガニに負けない魅力

子ども会では、紙芝居や幻灯をやりました。この体験を通して、子どもとは何かを学びました。

僕にとって良かったのは、子どもはつまらなかったら態度で示してくれることです。「つまんない」なんて失礼なことは言わないで、ザリガニ捕りに行ってしまう。ザリガニの方が面白いんですよ。相手も命がかかっていますからね。

そういう野性的な生き生きしたものでなければ見てやらないよ、というのでしょう。だから紙芝居の途中で「どこがよかった?」なんて聞くのはやぼ。子どもたちの顔を見ながら自分で判断して修正する。「絵本作りの弟子入りさせてください」という人には、「子どもに弟子入りした方がいいよ」と言ったものです。

――『どろぼうがっこう』(1973年、偕成社)も最初は紙芝居でした。まぬけな先生と生徒たちが夜、遠足に出かけ、ろう屋と知らずに泥棒に入るオチが大人気でした。

もともとは1960年に僕の論文の下書きの裏に走り書きした紙芝居です。ちょうど学位審査で時間がなく、墨一色だけで描いたのを残念に思っていました。ところが子どもたちには大反響で「もういっぺんやれ」と、ことあるごとにねだられました。

このときわかったのは、子どもたちは表面上の豪華さにひかれるのではない、墨一色でも内容が良くて面白ければいいのだということでした。最終原稿では、笑劇としてのおかしさも加えたいと思って歌舞伎仕立てにし、張り絵にしました。

『どろぼうがっこう』はお父さんたちにも好評で手紙が随分きました。「子どもに読んでやって、これほど受けたのはない」と。わが意を得たり、と思いました。こちらも先日(2013年)、40年ぶりに2冊の続編を出しました。

僕の絵本で長く読まれているものに『だるまちゃん』シリーズがあります。これはソ連の子ども向け雑誌にあった「マトリョーシカちゃん」をヒントにしました。

『だるまちゃんとてんぐちゃん』に出てくる、だるまちゃんのお父さんは、子煩悩なんだけど、とんちんかんです。

僕の父もそういうところがありました。お祭りに一緒に行って、出店をのぞき込むと、すぐ「これ、ほしいのか」と言う。僕はそれが嫌でしょうがない。面白そうだと思ったら遠目で見て覚えておいて、うちに帰ってから同じものを作ったり描いたりしました。

でも、絵を描くことは止められました。絵では食べられないぞ、と。だから隠れて描いていました。勉強でも自分が必要と思ったらやるわけです。子どもが自分でやろうとしなければ、どんな素晴らしいことでも身につかないのです。

自分の力で

——加古さんは50年以上にわたって伝承遊びを収集し、『伝承遊び考』全4巻（小峰書店）を著しました。


僕はかつて遊び場を失い、偏差値教育で真の学習意欲やお手伝いの機会を失った子どもたちを「遊ばず、学ばず、手伝わず」の「三ずの子」と呼んだことがあります。

特に子どもから遊びを奪うことは、生きる力をそぐことになります。子どもは、幼い子に有利なルールをつくってやるいい面を持っています。一方でプチ悪な面もあります。そういうマイナスを自分の力で乗り越えて育ってゆくから素晴らしいんです。

ただ絵本を描く場合、子ども向けだからゲラゲラ笑わせればいいというものではないんですね。先に生まれたおとなが描くからには、子どもが生きていくのにプラスにならなければならない。そうでないと、おとなとしての存在意味を失うことになります。

将来を見通す力

——加古さんが、セツルメント活動に手伝いに来ていた女子学生の紹介で最初の絵本『だむのおじさんたち』（福音館書店）を描いたのは、1959年。33歳の時です。以来、作品の数は600以上、そのうち300近くが科学読み物です。

子どもは森羅万象に興味を持ちます。3歳になれば個性が出て、5、6歳になれば、どんどん分かれてきます。昆虫が好きといってもダンゴムシが好きなのもいればトンボが好きなのもいる。

技術と思想

子どもは小さな〝アインシュタイン〟なんですね。子どもの興味にこたえるには社会科学なども含め、子どもの理解できる言葉と物語で描かれた1000ぐらいの分野の絵本が必要と考えます。

お話絵本であろうと科学絵本であろうと、技術や思想性に努力しないのは、作品放棄と同じだと思います。技術が伴わなかったならば、思想や概念だけが空回りしたものになります。逆に技術があっても思想性がなければ作品は主軸のないものになります。

お話を展開する際には何を述べたいかを1行に集約します。その最後の1行に到着するために、読者に気付かれないようにスタートします。ゆっくりと次第に盛りあがるように進めます。起承転結があって、それをいかに展開するか。大学時代に演劇研究会で討議したことが役立っています。

大事なことは、子どもは20年後に社会で活躍する大人になるのだから、20年間持つ内容にしなければならない。20年後、少なくとも間違いではないし、子どものプラスになることを見通さなきゃいけません。

原発の本の依頼がきた

――加古さんは、すでに21年前（1992年）に『がくしゃもめをむくあそび』の中で、原発の危険性に触れていました。

終戦からひと月後、大学で原子力の講義がありました。兵器はもちろんだけど、それ以外の可能性が非常にあると教わりました。夢のような話でクラスの半分くらいは原子力の研究にシフトしていきました。

僕の勤めた研究所でも原子力課ができました。管理職だった僕も勉強しました。しばらくすると、研究しようとしていた優秀な連中は、「真剣に実験しても将来性がなく、毎月放射能を受けて子どももつくれなくなる」と次々やめていきました。

実は以前、さる筋から3回にわたって「子ども向けにいかに原発がいいか描いてほしい」という話が私にありました。

僕は「お役に立つならいつでもお受けします。でも技術的な未完成のところは完成されたのか、原発でつくる電気がいかに安いかがはっきりしないと書けないのでデータをくださ い」と答えました。返事はなかったですね。後でどなたかが作った本を送ってこられましたが、そこにも回答はありませんでした。

生物は仲間

公害のときにも会社に勤める技術者は、「排水の規定がないからそのまま流せばいい。もうかります」とどんどん進めました。当時、ちょっとそれはおかしい、と言いましたが少数意見でした。

原発も同じ論理です。われわれにも将来性をきちんと見抜く力がなかったことは、非常に残念だと思っています。
世の中は、一番弱いところへしわ寄せがいきます。技術や金銭よりも人間のことを、生きものの命を大切にすべきなのです。科学絵本『人間』（１９９５年、福音館書店）でも描きましたが、現在いる生物は、地球に起こった多くの苦難を共に乗り越えてきた仲間です。子どもたちにはその共生の大事さを伝えたいと思っています。

（２０１３年９月）

作家

高村　薫さん

「なぜ」から始まる私の世界

戦争と貧困考え続けて

――グリコ・森永事件を題材にした『レディ・ジョーカー』(1997年、毎日新聞社)など、高村さんの小説は、現実の事件を下敷きにしたり、社会のさまざまな立場の人物が登場します。社会派ミステリーとも評されます。求められれば、政治・社会問題についても発言してこられました。思考の原点は……。

私の発想は、世の中を見たときに、「なぜ」から始まるんです。この年まで、ずっとその発想の枠組みでやってきました。

人はなぜ、戦争をするのか。世の中にはなぜ、貧しい人とお金持ちがいるのか。物心ついた時に、最初に考えたのがそれです。

上流と底辺

私は、大阪市内の生まれです。新世界（浪速区）と天王寺動物園が向かい合っているような地域でした。

街に傷痍《しょうい》軍人がいた世代です。白い装束でハーモニカやアコーディオンを弾いて物乞いをしたりしていました。それを見て、日本は戦争に負けたらしいけど、なぜ人間は戦争をするんだろうと。

本は家にたくさんありましたが、唯一、親にねだって買ってもらったのが子ども向けの戦史類でした。分厚い『太平洋戦争全史』とか、『第二次世界大戦史』とか『ドイツ第三帝国の興亡』とか。戦争の歴史に興味があった。中学校ではベトナム戦争。なぜ、こんなことするんだろう、と思いました。絶えず、戦争のことを考えていた子どもでしたね。

もう一つ、子どもの時の大きな謎が、世の中にはなぜ貧しい人とお金持ちがいるのか、ということでした。

新世界周辺には、いまでいう路上生活者がいました。どうして道端で人が寝ているのかと、不思議でした。それが私にとっての世界の始まりだったのです。

同じ画面の中に、社会の上流と底辺の両方があって、初めてこの日本の同時代という画面ができるという感覚が今もあります。とくに意図したわけではないですが、私の小説には上流と底辺の両方が自然と入っていますね。

複雑な言葉

――コラムでは、小泉純一郎首相のワンフレーズ政治や、橋下徹大阪市長（当時）の劇場型政治を批判してこられました。「単純すぎる論理と断定」は議論をそこで終わらせる、と。

政治の言葉がどんどん短絡的になっているのが気になります。その責任は、受け手である私たちにもあると思います。

最近はメールやブログに加え、ＳＮＳやＬＩＮＥでのやり取りが当たり前になって、私たちの言葉はもっと短くなっています。短い言葉を短時間で繰り返しやりとりするだけになれば、複雑な思考や複雑な言葉が生き残れるわけがありません。小説は、そうした風潮に対するアンチテーゼになり得るという思いもあります。

この短絡化の流れに抗するには、複雑な思考をまず知ることが必要です。そのためには読書しかない。とくに複雑な思考のある本を読むことです。時間を割いて、少しでも複雑な言葉の世界を知ることに振り向けてほしい。

――高村さんは福島第１原発事故以前から原発を小説で描いてきました。原発襲撃を描いた『神の火』（1991年）や原発誘致に走る保守政治家を批判した『新リア王』（2005年、いずれも新潮社）です。

関西に住んでいると、福井の原発銀座がすぐそこなので、原発は人ごとではありません。

自民党、財界、大企業の人はいま、本当に心の底から原発に賛成して、これからも原発をずっと推進しようと思っているのでしょうか。

福島第1原発の惨状を見れば、ほんとうはみんなこの地震列島でのリスクの大きさに気づいているのではないでしょうか。

わからないはずがない。日本の原発が立脚している核燃料サイクルの破綻《はたん》もみんなわかっているはずです。早晩破綻するとわかっていて、突き進んでいる。

原発をなくせば、エネルギー政策も産業構造も変えなければなりません。政治家にはそこまで変えるだけの意思も覚悟もないのでしょう。いま、必要なのはそういう覚悟なのですが。

いま 死も生も座りが悪い

阪神大震災を体験して

——高村さんは1995年1月17日の阪神大震災を大阪府吹田《すいた》市の自宅で経験されました。人生観が変わるような出来事であり、その後の小説も大きな影響を受けました。

1995年1月17日の朝5時46分、大阪府吹田市の自宅のベッドで寝ていて飛び起きました。だけど動けない。動けるような揺れじゃない。

十数秒の間、地鳴りがして、地面が揺れ、発光している。真っ暗なはずなのに、実際には明るかったんです。この世のものではないですよ。揺れが収まった途端にすっと暗くなりました。これは死ぬと思いました。

そして音が一切なくなりました。交通機関はもちろん、動くものがすべて止まってしまった静けさ、まさに死の静けさでした。それがこの阪神を覆った。

大きな自然災害は自分が体験して初めて分かるものだと思いました。あの直前に奥尻島の地震が起きたのですが、ニュースで見ていても全然理解できていなかった。そして東日本大震災は、また規模がけた違いに大きい。被災地から遠く離れた関西の人間には、ほとんど非現実のフィルムを見ているようでした。

ところで、阪神大震災が起きたのは、グリコ・森永事件をモデルにした『レディ・ジョーカー』の連載の準備に入っていたときでした。

でも『レディ・ジョーカー』を書きながら、どこか遠いところへいきたくてしょうがなかった。どこか違うところへ行かなければならないという思いはずっと抱えていました。

純文学へ変化

――その次に書いた『晴子情歌』（2002年）はミステリーではありませんでした。青森の辺境の地で生きた女性の、大正・昭和の人生を描く大河小説。その後、『新リア王』（2005年）『太陽を曳《ひ》く馬』（2009年、いずれも新潮社）と続き、息子の晩年までの3部作となりました。

震災後、エンターテインメントから純文学に転向しました。

エンターテインメントはしっかりした土台のある、きちんとした構造物です。そのことに違和感を覚えるようになったのだと思います。そんな構造物は壊れるものだということを震災で目の当たりにしたわけですから。

純文学は完成した構造物でなくていい。結論もいらないし、物語もいらない。どんな表現でもいいし、決まり事は何一つない。そういう世界に出て行きたかったのでしょう。もう一つ、20世紀の歴史をもう一度自分の中で言葉にしておきたいという思いもありました。

阪神大震災の後、私たちは自分たち日本人がどこからきて、これからどこへいくのか、方向感覚を失っていたと思います。だからもう一度過去を振り返っておきたかった。親の代にさかのぼって、大正時代から十五年戦争、そして戦後にいたる日本人の暮らしを形にしておきたかった。それが私の20世紀だからです。

動機なき殺人

――昨年刊行（2012年、毎日新聞社）の『冷血』は「動機なき殺人」を描いて話題に。高村作品でおなじみの合田雄一郎刑事が、一家4人惨殺で逮捕された2人の動機がつかめずに考え込みます。

犯罪について、私たちは常に過剰な物語を求めがちです。

例えばお金に困った強盗が入ってきて殺された、しかも犯人は非情な人間で少しも反省していない、というような物語です。ところが、現実には物語がない場合も多い。なんとなくその場の勢いで、という場合もあります。人間が生きていくことの中には、言葉にならない部分も、汚い部分も全部含まれている。それをきれいな言葉で説明したくなかったんです。

それは犯罪に限った話ではありません。

病死の場合も、災害死の場合も、一つひとつの死を受け止めることが非常に難しくなっているのが今という時代です。死の座りが悪いということは、生の座りが悪いということでもあります。充実して生きているという自信が失われているのだと思います。

◇◇◇◇◇◇◇◇◇◇

作家デビューをした頃

実は応募したことすら忘れていて……

――作家デビューのきっかけはパソコンを買ったことだそうですね。

そうなんです。しかもそのパソコンは小説を書くためではなく、会社の仕事を家に持ち帰るために買ったものでした。

そのうち家に帰ってまで仕事をするのが嫌になりまして。ビジネス文書以外の文章、以前旅行した北アイルランドのことをちょっと書いてみました。

1行書いたら2行、2行書いたら3行みたいに増えていって、気がついたら、プライベートな文章がたまっていました。

形にしてみると、誰かに読んでもらいたいと思うのが人情です。公募賞に応募したんです。

母も知らず

でも出したこともすぐ忘れていました。半年ほどしたら新潮社から家に電話がかかってきたのですが、筆名を使っていたので、母が「そんな人はうちにいません」って切ったんです。でもまたかかってきたので、ひょっとしたらと、私に「あなた応募した?」と。それで思い出したような次第です。

小説家になりたいという思いは全くありませんでした。小説は読むもので書くものではないと思っていましたから。でも山のように本は読んでいましたから、それらしいものは書ける。あくまで、それらしいものでしかありませんが。

——初めて書いた「リヴィエラ」（1992年に新潮社から刊行された『リヴィエラを撃て』の原型）が、1989年、日本推理サスペンス大賞の最終候補にまで残りました。

新潮社から、「もうひとつ書いてみて」と言われました。今度は日本人が日本語で書くのだから日本の物語をと。それで会社の行き帰りに考えていた銀行強盗の話を書きました。通りすがりのこの銀行をどうやったら襲えるかとか、空想して気晴らしをしていたんです。小説家になるなんて全然考えていないからできたんですね。

——2作目の『黄金を抱いて翔べ』（新潮社）で、1990年の日本推理サスペンス大賞を受賞し、作家デビューしました。

賞をいただいた時は本当に衝撃を受けました。自分で自分に。これからどうするんだと。たまたまその前に会社を辞めていたんですが、それは作家になるためではなく、すぐ別の勤め先を探すつもりでした。

でも賞をいただいてから、周りは当然小説家になるものと思ってレールを敷きます。私はそのレールを走りだしたものの、まだ途中で降りるつもりでいました。

決意の瞬間

作家になろうと決意したのは『マークスの山』（1993年、早川書房）を書いた後です。自分の書きたい小説はこれではないということに気づいたからです。私が読者として買っていたような本と全然違う。私は、ミステリーは全然読んでいませんでしたから。以前、私がお金を出して買っていたような本を書きたいと、作家としての欲望が生まれた。それが、私が作家になった瞬間でした。

次に書いた『照柿』（1994年、講談社）はミステリーだけど、いわゆるミステリーではありません。殺人は結果的におこりますけれども、物語の中心は殺人ではなくて、主人公の野田達夫という男の、あるひと夏の物語になっています。

小説家になろうと決意して初めて書いた小説なので、私の中では特別の作品です。

作家デビューした時、父は少し前に亡くなっていましたが、母は喜びましたね。結婚もついにしなかったので、ついに落ち着き先ができたと。（笑）

母にはその時、「お金のためにものを書くのだけはやめてよ」と言われました。食べられなくなれば、家の土地を売ればいいんだからと。母は95年に亡くなりましたが、母の言葉はいまも守っています。

（2013年10月）

タレント・工業デザイナー・怪談家

稲川淳二さん

怖いだけじゃない、優しい世界

Jホラー？　いいえ、「怪談」

――最近、ゾンビの映画や漫画が流行しています。

一部のマスコミの人たちが、日本の怪談を「Jホラー」なんて言っちゃうんです。でも、ホラーと怪談は、全然違います。ホラーというのは、襲ってくる恐怖なんです。ただ単に血だらけだったり、顔がつぶれていたりして。

怪談の怖さの中には歴史があって、生きるための習慣や決まり事、昔の人間の思いがあります。

「カラスが鳴くから帰ろう」という、わらべ歌があるじゃないですか。子どもたちが遅くまで外で遊んでいると、帰らないと河童《かっぱ》に足をつかまれ水に引きずりこまれるぞ、という話です。

でも、カラスが鳴くときって、まだ夕日が残ってるんですよね。子どもたちが帰った後、草陰から河童が現れる。それは、本当は人間の子で、障害のある子だったりするんです。夕日の残った時間は遊ばせてあげたいという思いやりですよね。

「赤い半纏」

――怪談「赤い半纏《はんてん》」は、今も語り継がれています。稲川さんが1976年にラジオ番組「オールナイトニッポン」で放送しました。

リスナーの女性が手紙をくれたんです。女学校にいたとき、寄宿舎のトイレに行くと「赤い半纏着せましょか～」という声が聞こえる。その声がだんだん近づいてくる。怖くて先生に言ったら、警察を呼んだ。

婦人警官が来て、トイレに入って行った。ふいに「着せてくれ！」「ウァーッ！」という声が聞こえてきた。先生がドアをドーンと開けたら、婦人警官がしゃがんで、木が突き刺さった首から血を噴き出している。服が血に染まって、赤い半纏のような形をしていた……という話なんですね。

この話には後日談がありましてね。7年前（2007年）にわかったことですが、その寄宿舎は戦時中、特攻隊の分教場だったんです。

戦争が終わった後に、そこへ特攻隊員の母親が訪ねてきた。もんぺに割烹着《かっぽうぎ》を着て、リュックを背負って。案内されて教室に入ると、壁に隊員たちが名前や国を思う気持ち、親への感謝などを書き残してある。トイレに行くと、そこにもびっしりと名前が書いてある。ついに、息子の名前を見つけた。

ところが、その後、彼女が戻ってこない。案内人はもしやと思ってトイレに行ってみたら、自分でのどを突いて亡くなっていた。流れた血が、白い割烹着を赤い半纏のように染め上げていたんです。

その地方では、お祭りの最後に赤い半纏を着るんだそうです。神様に対して「お祭りはこれで終わりです」という意味で。

彼女は、戦争で夫も失っていた。神様、夫も、息子も差し上げました。お祭り＝政《まつりごと》ですよね、つまり戦争はもう終わりです、という意味につながってると思うんです。

――怪談は、怖いだけじゃないですね。

「怪談ライブを聞いて泣いて帰りました」という便りはずいぶんきます。怪談というのは、実は優しかったり、うれしかったりするんです。

私も、悲しい怪談のときは、つらくなって途中で話せなくなっちゃうときもあります。

生命が一番

――今、集団的自衛権の問題で、再び戦争が起きないかと心配されています。

私は、戦争には反対します。今後とも、戦争は絶対にあっちゃいけない。あんなもの、何の利益もないですよね。太陽の下で汗水流して作物をつくったりするたたかいならいいけど、生産性のないたたかいはいけないです。

人の命を奪う権利なんか誰にもない、と思います。ところが、戦争を経験してない人は、その怖さがわからないんですね。「やればいいじゃないか。負けるもんか」って。そうじゃない。ゲームじゃないんだから、ねぇ。

私は、人間の生命、尊厳が一番大事だと思います。それは、障害をもって生まれた次男が教えてくれました。あの子によって、私はずいぶん勉強させられたと思います。

人が生きるって、本当に大変なことですよね。でも、子どもを殺す親っているじゃないですか。わからないですねぇ。もっと根本から考えないといけないですね。

――一つの怪談をつくるために国内外を取材し、5、6年かけるそうですね。2014年は7月26日の埼玉県三郷市を皮切りに、北海道から沖縄まで全国ツアーが始まります。

苦労したんですけど、今年もどうにか新しい怪談を紹介できます。優しい話、笑える話もあるんだけど、今までにないような怖いんだけど寂しい話もあるんです。最後に、あっ、そうだったのか、と。

舞台の美術も、いつもは農家だったり神社の団子屋だったり、ノスタルジックなつくりなんですけど、今年は昔の映画館でじじいが話をするというセットです。けっこう、いい雰囲気だと思いますよ。

おしゃべりが〝あだ〟に

——お母さんも怪談の名人だったそうですね。

私の怖い話のルーツは、おふくろでしょうね。よーく怖い話をしてくれました。私は怪談話で、口で音を出すんです。「カッコカッコ」「ヒュー」って。おふくろがやってましたから、いつの間にかうつったのかもしれない。

おふくろは話がうまかったですね。いろんな話を教えてくれました。本所七不思議とか、新田義貞が稲村ケ崎で刀を落として潮が引いた話とか。私は東京の恵比寿で生まれたんですが、回向院《えこういん》の鼠《ねずみ》小僧や泉岳寺の赤穂浪士四十七士の墓に連れていってくれたりね。

小学校低学年のころ、体育の時間に雨が降っちゃうと、当時は体育館がなかったから、教室に戻ってきてね。みんな「稲川君の話を聞きたい」っていうから、怪談か、ばかばかしい話をやったんです。それがウケたんですね。だから、女の子にはけっこう人気があったんです。（笑）

絵描きの夢

――どんな子どもだったんですか？

勉強はできなかったんです。姉も弟も頭がよかったんだけど。ただ、絵だけは描いていてね。小学校に入ってから、金賞をもらったりしたんです。

先生に「国連のポスターを描きなさい」と言われたから、描いたんです。恐らく、その年に日本が国連に加盟したんでしょう。小学校・中学校・高校・一般から絵を募集してね。で、私、佳作に入ったんです。丸の内に賞状をもらいに行ったとき、将来、絵描きになろうかなぁと思ったんです。

――工業高校に進学しました。

高校で先生に「絵描きになりたい」と言ったら、「おまえみたいなおしゃべりは絵描きには向かない」って言われて。

「先生、絵描きってしゃべらないんですか？」「しゃべらない。これからはデザインだよ」「えーっ、洋服屋になるのは嫌だ」「ばか！　デザインっていうのは洋服だけじゃないんだ」「そうなんですか？」「そうだ。家をつくったりするんだ」って。先生、デザインっていうとそれしか知らないの。（笑）

デザイン一筋のはずがラジオ出演

――桑沢デザイン研究所で修業して、工業デザイナーになりました。

ひょんなことから、テレビの子ども番組に出たんです。26歳のときに。

それが終わったらデザイン一本でいこうと思っていたら、友だちに「おまえ、テレビに出てるし、結婚式の司会をやってくれないか」と頼まれて。うん、いいよ、と。それで、六本木の教会で司会をやってね。さんざん失敗して牧師さんに怒られたんだけど、それを見たみんなは披露宴で笑いっぱなしで。

そうしたら、立派な格好をした若い男性が来て「ご連絡先を教えてください」というから、電話番号を教えたんです。

その後、突然、電話がかかってきて「稲川さん、今晩お時間ありますか？」と。「何時ごろですか？」「夜中の1時です」「いいですよ。どちらですか？」「ニッポン放送です」

「えっ?」って。「オールナイトニッポン」で話してくれって。

それでラジオ番組「オールナイトニッポン」のパーソナリティーを始めたんです。普通、いきなり呼んで、その人が何を話すかわからないでしょ? しゃべってくれ、と言う方も言う方ですよね。

ラジオ局で「何時間くらいしゃべれますか?」と聞かれて、「4時間もしゃべればいいですか」と答えたら、「そんなにいらない」と言われて。

で、夏になったら「淳ちゃん、怪談やらない?」と言われて。やったら、反響がすごかったんです。面白いもんですよねぇ。

――「車どめ」のデザインで1996年（平成8年）度通商産業省グッドデザイン賞を受賞するなど工業デザイナーとしても活躍しています。

いやいや、たいしたことないです。私は、バリアフリーのデザインです。

こんなおしゃべりじゃなけりゃ、今ごろは、まじめにデザインやってたと思うんですけどね。おしゃべりが、あだになっちゃった。（笑）

入院しても怪談――看護師さんが「キャー」

――テレビ番組のレギュラーを最高で週28本つとめるほどの人気タレントになりました。

12年前（2002年）から、テレビに出るのは夏だけにしました。55歳のとき、人生の残された時間を自分を必要としてくれる人のために使いたい、と思って。自分の好きなこと、怪談を一生懸命やった方がいいな、と。そう思ったのは、障害をもって生まれた次男によるところが大きいですね。

――怪談の数は1000を超えたそうですね。

私はいずれ亡くなるけど、話が残って、それをわかってくれる人がいたらうれしいですね。別に、役に立とうなんて大仰なことは思ってないんだけど。

楽しい病棟

――2年前（2012年）、前立腺がんの手術をしました。

この年齢になると、どうしても病院とのつきあいが多いです。病院ってのは、あまりいい感じはしない。暗くて、重たくてねぇ。

でも、今回に限っては、病院ってのもそんなに悪いところじゃないなぁという気がしたんです。

がんと言われたら、普通、焦るのに、あまり怖くなかったんです。

「先生、あと2、3年くれないか。私は、まだツアーでやりたい怪談が残ってて、後始末をしなきゃいけないこともいくつもあるから」

「放っておいたって、あと5、6年は生きられるよ」

「じゃあ、手術やめようかな」

「ばかなこと言うんじゃない！」

とても感じのいい医者でね。

じゃあ、前立腺がんだから、手術にはダ・ヴィンチ（内視鏡外科手術用の医療ロボット）を使おうと。どうせやるなら、新しい話になる方がいいなと思って。（笑）

ダ・ヴィンチを使った手術は、おなかに穴を六つ開けてね。開腹しないで、20分以内で終わったんです。出血なし。縫ってもない。病状が軽かったんでしょうね。

さぁ、夜になったら、目がさえちゃってしょうがない。若い看護師たちのいる病棟へ行って、怖い話をしてきたんです。みんな「やだー!」って言いながら喜ぶんですよ。3日目か4日目かな。よーし、今晩も驚かせてやろうと行ったら、看護師長さんが座ってて。こりゃ怒られるかな、と思ったら「稲川さん、私もこの仕事を長くやってますから、変な体験をしてるんです」と、怖い話を二つしてくれたんです。その話がまた怖いんだ。(笑)

そんなわけでね。病院にいながら、元気になりました。

私が故郷?

——ファンは、稲川さんの復活を心待ちにしていました。

すごくうれしいです。

最近、40代の男性から手紙がきてね。

〝私は、幼いときに両親を亡くして、親の思い出がないんです。故郷もない。現在は、家庭を持って子どももいますが、稲川さんの怪談が好きでライブに行きました。そうしたら、話を聞いているうちに、稲川さんが自分の父親のように見えてきたんです。周りを見たら、みんな楽しそうでした。なんだか、故郷のような気がしました。今年も、故郷に行きます。お父さんに会いに〟って。

泣きましたよ。うれしくてねぇ。こんな自分でも、そんなふうに思ってくれる人がいるんだなぁって。

怪談ライブに来る人たちの中で、カップルもできたんですよ。怪談話って、人と人をつなげるんです。不思議なもんですよねぇ。

怪談というのは昔から語り継がれた話で、生活の思いや人の優しさもあるし、なんといっても楽しいんです。だから、修学旅行でも、海へ行っても、話をするわけで。気が合った同士の怪談は、楽しいじゃないですか。楽しくないと、怪談はしないですよね。

私のライブに来ていただければわかると思うけど、みんなの気持ちが一つになって、わいわい言いながら聞く怪談。それが故郷のような味わいなのかなぁと思ってます。「怖楽《こわたの》しい」んですよね。

（2014年7月）

映画監督

降旗康男さん

「少年H」と「ホタル」

――昨年（2013年）公開の「少年H」は、戦争に突き進む昭和初期の神戸を舞台に、時代に翻弄されるクリスチャン一家を描きました。

僕は敗戦の時、国民学校（小学校）5年生で、原作者の妹尾河童《せのおかっぱ》さんと同じ時代を生きてきました。脚本を書いた古沢良太さんは1973年生まれです。戦争を知らない人が興味を持つところから組み立ててほしいとお願いしました。それが良かったと思います。若いスタッフも本当によく頑張ってくれました。

とどまる勇気

――うどん屋の兄ちゃんが政治犯として逮捕され、Hの父・盛夫もスパイ容疑をかけられます。盛夫はHに「今何が起きてるんか、自分の目でよう見とくんや」と話します。

当時は隣組があって、いわゆる監視社会でした。そのため家の中でも戦争の話はあまりしませんでした。Hの家はそれを話題にできる家だったんだと思います。

僕が子どもの頃、「バスに乗り遅れるな」という標語がありました。ドイツと同盟を結び、世界分割のバスに乗らないと世界制覇の勝ち組になれない――。それが、あの頃の日本の国を動かすダイナミズムでした。

そんなとき、盛夫のように自分の頭で考えて「飛び乗るのはやめよう。とどまる勇気を持とう」と皆がなれば、戦争に向かう流れを止められたのではないかと思います。

戦争は小さなことが積み重なって忍びよるようにやってきます。「少年H」の時代と今をつなげて見てもらえればと思います。

「兵隊になるな」と言った恩師

――降旗さんは、国民学校の時の担任の先生と盛夫のイメージが重なると言います。

先生は1944年9月、誰もいない教室で僕に「少年飛行兵に志願するな」と言ってくれました。「サイパン島が玉砕したからには日本は負ける。おまえはおっちょこちょいだから手を挙げたらダメだぞ」と。そんなことを言っていたことがばれたら憲兵にしょっぴかれる時代にです。

当時は何を言ってるんだろうと思いました。でも、ここだけは死守すると言っていた

「絶対国防圏」のサイパンが陥落したんですから、そういう現実は読めたのでしょう。

十数年ほど前、先生のご子息にその話をしたら、担任をしていた高等科クラスから少年飛行兵に志願した生徒が出て、先生はそのことをとても悔やんでいたそうです。「少年H」の映画は、その先生へのカツドウ屋としての恩返しです。

やばい時代だ

――もう一つの恩返しが特攻を描いた「ホタル」（2001年）です。

僕の故郷は長野県の浅間温泉で、中国大陸からやって来た特攻隊の隊員が分宿待機していました。敗戦の年の3月、僕らが遊んでいると隊員さんたちに呼ばれ、菓子や果物をごちそうになりました。そしてこう言われたのです。

「君たちは兵隊になるんじゃないよ。国のためなら兵隊でなくてもできるからね。しっかり勉強して立派な外交官か科学者になるんだ。僕たちが死んで残した国を立て直してほしい。頼んだよ」と。

受け入れ難い死に、必死に意義を見いだそうと苦しんだのでしょう。翌日、旅館の屋根すれすれに何度も低空飛行して飛び立ちました。みんな20歳前後だったと思います。

――「ホタル」を撮るにあたり、その人たちと知覧特攻平和会館で、56年ぶりに〝再会〟

します。それまで監督は特攻隊の映画を撮ることに消極的でした。

特攻隊の映画は難しい。メジャー（大手）の会社がつくる映画では天皇の戦争責任が重いかせになります。しかし、特攻隊を美化する映画に何本か出ていた高倉健さんが、特攻隊の人たちの本当の苦しみを描いた映画を撮りたいというのでね。気が進まないまま知覧に行ったんです。

知覧では、松本から来た特攻隊員の遺影と対面させられました。顔は覚えていませんが、見ているうちに赤い糸につられてここまで来たような気がしてきました。これを見たらやるしかないなと。

その隊の隊長さんが朝鮮半島出身の人でした。天皇の問題を棚上げして、その上で特攻隊の実体を一番はっきり表すのは誰か。それは立場の弱い人、植民地だった朝鮮半島出身の特攻隊員だと思いました。映画は健さんふんする特攻隊員の生き残りとその妻（田中裕子）が、妻の婚約者だった隊長の最後の姿を韓国に伝えに行く話にしました。

――２０１４年７月、ついに集団的自衛権行使容認の閣議決定がされました。

やばい時代に来たなと思います。本当の戦争ごっこが始まるのかなと。それだけは止めなければなりません。特攻隊で死んでいった人たちに僕らはどうこたえるか。安倍内閣が何か言うたび、彼らの無念と絶望を思い起こすことだろうと思うのです。僕が「九条の会」に参加し、憲法9条を守りたいと言っているのも、そんな思いからなのです。

9条のおかげで命拾い

――1947年、降旗康男さんが新制中学1年生の時、天皇が「行幸《ぎょうこう》」で長野県松本市に来ることになりました。

僕は、生徒会の委員長をやっていました。最初の仕事が、天皇行幸を生徒会として迎えに行くか行かないか、の討論会でした。

「天皇は責任を取ってないから行かない」。「そうだ、そうだ」。わきで先生が、「もう並ぶ場所を決めてきちゃった。そこに誰もいなかったら大変だぞ」と困っていました。

放課後の3時頃から夜の9時ぐらいまで、講堂で延々、話し合いは続きました。そのなかで一人の生徒が手を挙げて、「迎えに行くんじゃなくて、見に行こう。だからお辞儀もしないし、万歳もしない」と言いだしたんです。みんな眠くなって嫌気がさしていたから、「それだ!」と。

誰かに何か聞かれたら、僕が説明しないといけない。なんて言えばいいのかな、と緊張して翌日を迎えました。そしたらオープンカーが時速40キロであっけなく通り過ぎて、僕らが何もしなかったっていうのは、誰も気づかない。（笑）

60年後の同窓会でその話が出たら、結局覚えているのは、僕と折衷案を出したやつと、もう一人か二人だけ。こっちはドキドキして委員長をやってたのに、なんだって話でね。

授業をサボって

――松本深志《ふかし》高校に入学。その年（1950年）の6月に朝鮮戦争が始まりました。

その日は、ちょうど田植え休みで、学友たちと美ケ原で2泊のキャンプを楽しみ、何も知ずにご機嫌で山を下りてきました。そしたら、僕らより一世代上のおじさんにつかまり、「朝鮮で戦争が始まったぞ。今度はおまえらの番だぞ」と声をかけられたんです。「おい、よしてくれ」と。でも考えてみれば、その時にこそ憲法9条があったわけです。新しい憲法のおかげで、俺たちは戦場に引っ張り出されなくて済むんだと。9条に関する一番強烈な思い出です。

高校時代　フランス映画のとりこ

――映画にとりつかれたのは高校時代です。

午前中の授業は出て、運動部のやつの代返をしてやりました。午後は運動部のやつが代返をしてくれて映画館に。当時、松本市内には七つの映画館がありました。僕の家が映画館の人と知り合いだったので、7館の招待券をもらえるんです。その招待券で、ほとんどの映画を見ましたね。

そのうちフランス映画のとりこになりました。「舞踏会の手帖」は何度も見ました。美貌《びぼう》の未亡人が、デビューした舞踏会で一緒に踊った男の子たちを何十年かぶりに訪ねて行く。男たちは亡くなっていたり、アル中になっていたり……。人生なんてこんなもんだよと。そうだよな、俺たち子どもも人生ってこんなもんだよ、と思いながらおとなになっていくんだなと。

美空ひばりに……

――東大仏文科に進んだ降旗さんは57年、学校の求人案内で給料が3、4番目に高かった東映に入社します。

映画会社を選んだのは、給料が良かったのと、結果論ですけど水が合ったってことでしょうね。20日間、徹夜が続くくらい忙しかったけど、若いときだからね。完成すれば1、2週間、山に行ってても、誰も文句を言わない。これはいいなと。

それと映画の現場って、自分の仕事さえちゃんとしていれば、今日入ってきたやつも10年いるやつも、発言は平等なんですよ。

――初めて助監督をしたのは美空ひばり主演の「青い海原」です。

録音助手が撮影の準備中に、ひばりさんの鼻先にマイクを落としたことがありました。徹夜続きで寝てしまったんです。ひばりさんのお母さんが怒って「録音スタッフを全員交代させろ」と。

「スケジュールがひどいからこんなことになるんだ」とみんなでかばいました。製作部長が「俺に一任してくれ」という話になったので、入社まもない僕が「僕らが言うようにならなかったら部長が責任取ってください」と言っちゃったのね。

スタッフは辞めずにすみました。その代わり「おまえのようなやつがいたら俺の首が幾つあっても足りない。スターの作品におまえはつけない」ということになりました。おかげで家城巳代治《いえきみよじ》監督や田坂具隆《ともたか》監督、伊藤大輔監督の助手につくことができました。

高倉健さんとの半世紀

――60年安保闘争では、助監督の集まりである監督新人協会で連夜、デモに行きました。

先頭は大島渚さんら巨体組。美声の恩地日出夫さんがシュプレヒコール係でした。時を同じくして、会社が労働協約の改悪をもくろんできました。東映でも組合が活動していると知ったのはそのときです。入社5年目で組合役員になりました。仲間に勧められ「赤旗」を読み始めたのはこの頃ですから、もう半世紀ですね。

ハグレ作ばかり

――降旗康男さんが監督デビューしたのは、1966年の「非行少女ヨーコ」です。

これは先輩監督のお下がりで、僕自身が準備していたのは、高倉健さん主演の「地獄の掟に明日はない」です。でも、こっちはいわば出戻りで、一度は諸般の事情でほかの監督に託したのに、また僕のところへ戻ってきた作品です。

健さんが演じたのは、戦中原爆に焼かれた男の戦後繁栄の中での生きざまでしたが、諸般の事情の間に会社の意向で、原爆症なぞどこかへ飛んだ任侠《にんきょう》物になっていました。直そうと試みましたが、キャスティングとかロケ地の設定などの基礎である脚本を、撮影と並行しながら書き直すのは難しいことを思い知らされました。

偉人伝は撮りたくない

――その後、会社から「超高層のあけぼの」の監督をしないかと言われます。

鹿島建設がお金を出す、今でいうタイアップ映画です。予算は普通の映画の2、3倍。ところが監督の上に監修がつくと聞いて、生意気にも辞退しようと思いました。とっさに「偉人伝や修身のような話は撮りたくない。失敗した人、負けを選んだ人を僕は描きたい」って理屈をこねたんです。でも、とっさでしたが本心そのものだったと、振り返って思います。

フランス語のイストワールは、歴史と物語と両方を指します。勝者のイストワールが歴史であり、敗者のそれが物語。芸術や芸能は、敗者の立場で描くべきものだというのが僕の持論となりました。

そんなことでぶらぶらしていると「おまえのいうこと聞いとったら、やくざ映画だったらぴったりと違うか。やくざ、アウトローや。世の中の正道で負けたやつ、はずれたやつが主人公だったら、御の字だろう」と声をかけられました。

それもありかな、と思って監督しました。ところが、やくざ映画とはやくざ世界の勝者、実在しない理想像、任侠道のたてまえを説く修身教科書でした。困惑に陥った時には、東映の映画の90パーセント以上が、やくざ映画になっていました。

健さん主演の「新網走《あばしり》番外地」シリーズも6本監督しました。僕がつくったもので、任侠道を説いた正統なやくざ映画はありません。主人公の行動は、母親のためだとか、一目ぼれした娘のためで、いわばハグレ作ばかりです。

観客代表として

――東映育ちの高倉健さん（1931年～2014年）とは、半世紀に及ぶつきあいです。コンビを組んだ作品は20作になります。

健さんは節目節目で僕を助けてくれました。撮影も健さんとやっていると楽なんですよ。健さんは、1回の本番に賭けます。それを知った共演者も、その1回に全力でぶつかってくれるんです。でもそのためには、「なるほど、ここで芝居するんだ」というロケ地を選んだり、セットを作ったりしなければなりません。そして撮影時の雰囲気が一番大事ですね。

演技指導は？　なんて聞かれますが、しません。思うことと言葉、言葉と言葉、言葉と演ずる身体、いずれも伝わるときに段差がありますよね。監督としては観客代表として見て、こういうことかと納得できたら、それが「ＯＫ」だと思っています。

◇◇◇◇◇◇◇◇◇

「鉄道員」、「あなたへ」

――１９７４年、東映を離れ、フリーになった降旗康男さん。４年ほど映画から遠ざかり、山口百恵さん出演のテレビドラマ「赤い運命」など「赤い」シリーズを監督します。

劇場用の映画に比べて、お金も時間も大変少しでしたが、やりがいがありました。百恵さんがすてきな被写体だったんです。

何年か後に中国を訪ねた時、「赤い」シリーズの一作が「血疑」という題名で大人気だと聞きました。当時中国の料理店にはサービスのサの字もない時代だったのに、僕が「血疑」の監督とわかると突然の歓待ムード。おかしかったり、うれしかったりでした。

歯を食いしばって

――浅田次郎の直木賞受賞作を高倉健主演で映画化した「鉄道員《ぽっぽや》」（1999年）は大ヒットしました。

これは、東映の大泉撮影所の定年間近なスタッフが最後に健さん主演の映画を撮りたいというので始まったんです。45年に及ぶ鉄道員人生を終えようとしている男の物語です。浅田さんの原作がすでに100万部近く売れていました。

僕は90年代というのは、日本の世の中が音をたてて変わっていった時代だと思ってるんです。終身雇用制と年功序列型賃金の中で滅私奉公してきた男が、アメリカのグローバリズムによって自分の生きてきたことを全否定されるような世の中に直面した。その寂しさ、自信を喪失した人たちの不安や怒りがあってこそ、この小説は受け入れられたのではないかと思いました。

映画もそこから出発してつくりました。「この映画を見て癒やされた」という声をたくさんいただきましたが、つくった側としては歯を食いしばって一緒に悲しみを耐えよう、という思いでした。

――映画の解釈は多様でいい、と言います。

見た人が100人いれば100通りの見方があります。だから「癒やされたよ」と言われても、僕は「ありがとうございます」と言います。

映画には言葉による説明がありませんからね。見ている人が、自分の人生と対照しながら受け取ってもらうしか、作品として完結しないものだろうと思います。

どう生きるのか

――初めてのロードムービー「あなたへ」（2012年）も、余韻が残る作品でした。

健さん演じる主人公を含めて旅で出会う登場人物たちは、映画が終わったところから、その続きをどう生きていくだろうか？

という問いを観客の皆さんに出したつもりです。

一人ひとりの違い。一人の中でも交錯する幾つかの答え。それが、余韻という言葉になったのではないでしょうか。映画は観客と対話します。生き物です。ですから作るのじゃなくて育ててゆくんです。

物語は不可欠でしょうが、画面や芝居や出演者のキャラクターが、観客の心をつかみ、あるいは忍び込み、そして揺さぶるためには、時間はかかりますが、育てるのでなければならないという気がします。そこが映画づくりの楽しさ、喜びでもあります。

――作品に時代や社会への思いを投影してきた降旗さん。「映画人九条の会」では代表委員を務め、現実政治にも発言してきました。

新聞の半分はウソかもしれないというのは昨年、封切った「少年H」の中のせりふですが、安倍政権の目くらましのスローガンだけに気を取られていたら、大戦前夜の過ちを再び繰り返すことになるでしょう。事実を明らかにしてゆくことが、よりよい道を選択するための第一歩だろうと思います。

映画では敗者の視点を強調しましたが、政治に関して言えば、数で勝たなければなりません。僕が応援する共産党もなるたけ早く、五分の取り組みができるようになっていただきたいです。

（2014年8月）

女優

市原悦子さん

戦争、同じ年の子が犠牲になった

反戦、口にできなくなる前に

私は7歳くらいのとき、銀行員だった父親ら家族と、千葉市から今の四街道市に疎開しました。飢えは痛切で、とにかく食べたかった。セリ、ノビル、ザリガニ。食べられるものは何でも採りました。

1945年3月、西の夜空が真っ赤に染まりました。あれが一晩で10万人以上が亡くなった東京大空襲だと後に知りました。沖縄、広島、長崎、アウシュビッツ……。言語に絶する戦争の実態を知るたびに、私は生き延びたけれど、同じ年ごろの子がたくさん死んでいったことを思い、胸が苦しくなります。

NHKの元日本兵の証言番組を、私は録画して見ています。

戦争では、優しい父親が鬼と化す。何日も行軍して屍《しかばね》の道ができる。「生きて虜囚の辱《はずかしめ》を受けず」と心に植え付けられ、捕虜になることも許されない。いま、80~90代の元兵士

市原悦子さん

たちの「いまだにうなされる」という言葉に、これが戦争なのだと思います。

番組で若いディレクターが、「なぜそんなひどい方針に従ったのですか」と聞くと、「どうして反対できますか。すぐ殺されます」と答えていました。その通りです。戦争が始まれば、反対と口にできなくなる。だからこそ、「そうなる前に」と思うのです。

私は各地で、戦争童話の朗読を30年ほど続けています。野坂昭如さん作『凧になったお母さん』、あまんきみこさん作『ちいちゃんのかげおくり』……。戦争の残虐さが、美しい言葉でわかりやすく書かれています。みなさんが理屈でなく、「怖いね」とおっしゃいます。


安倍内閣が、集団的自衛権行使を容認しました。

私は「国民の命と財産を守る」という主張に、すごく引っかかります。「じゃあ今までそんな政治をしてくれたの?」とまず尋ねたい。水俣病患者を救済していない、原発事故の後始末はまだ、基地問題も沖縄の人の気持ちをくんでいない。そんな人たちが美しいことを言っても信じられない。戦争につながる集団的自衛権の行使には賛成できません。憲法を守りたいのです。

自由が好き

――俳優としての出発点は、日本国憲法や教育基本法と重なります。戦後、中学校で入った演劇クラブ。芝居のとりこになりました。

顧問は、音楽の岩上廣志先生というすてきな青年でした。先生は、「みんな違っていいんだよ、一人ひとり輝けばいいんだよ」とおっしゃいました。大きな声の出ない子は照明をし、器用な子は衣装を縫い……。先生はみんなに光を当ててくださった。

すると、自分とは違う仲間にとまどっていた私たちも、だんだんお互いを認め合うようになった。自分も大事、あなたも大事。もめては仲良くなり、生き生きと飛び跳ねて、遅くまで。みんなでつくる喜びを知り、のめり込んでいきました。

当時はちっともそんなそぶりを見せませんでしたが、先生はお兄さん2人が戦死されるなど、戦争でずいぶんと傷ついていらしたんです。暗く自由を奪われた時代から解放され、新しい憲法のもと、子どもたちに希望を与えたいと、燃えるような思いで教育されていたんですね。

今でも私は、自由が好きだし、抑えつけられるのはいやです。

岩上先生のもとで過ごした中学時代は私の性に合っていた。人間に興味を持って、役者への始まりだったように思えます。

悪いおとな

――「ずっと稽古だといいのに」と語るほど稽古好きな市原さん。本番で自由になりたいからです。

私、京都・宇治の平等院にある天女の彫刻が好きなんです。楽器を持ち、宙を舞う、あの彫刻。見るたびにああなりたいなぁ、あそこへ連れてってほしいなぁと思ってしまう。稽古をいっぱいすれば、自由になれる。羽衣をひらひらさせて飛ぶように。「自由」「遊ぶ」「戯れる」というのは、芸事の理想ですね。

そう考えると、平安時代の歌謡集『梁塵秘抄《りょうじんひしょう》』の「遊びをせんとや生まれけむ、戯れせんとや生まれけん」という言葉がだぶってきます。子どもが野山を冒険したり、公園で泥まみれになったり。そんな姿を見ると、おとなも心が動く。子どもの心が呼び覚まされるんですね。

そんな場を奪っているのは、戦争や飢え、原発事故、みんな悪いおとなのしわざですね。子どもから輝いているときを奪わないでと思います。

「家政婦は見た！」と「まんが日本昔ばなし」

なんで私？

――おなじみの主演ドラマ「家政婦は見た！」は1983年から25年続きました。初回の原作は松本清張の短編。悪女ぶりに企画が2年寝かされていました。

最初は、「なんで私なの？」と言いました（笑）。でも作品の精神は嫌いではない。何とかやれるようにと話し合いを重ねてつくったのが、主人公・石崎秋子でした。

秋子は孤独な女。自分の下手な都はるみの歌を聴いてくれるのは野良猫だけ。「これしかお金ないのよ」なんてこぼす。

そんな秋子が、代議士やデパート王などエリート層の家に乗り込み、悪事に怒り、果敢に暴こうとする……という筋です。

――放送2回目で視聴率30パーセントを超え、大反響。

視聴者からエプロンが送られてきたり、「あまりに趣味が悪いから洋服を差しあげたい」

と連絡がきたり。「もっと意地悪して」という声があったので、真っ白いソファにコーヒーをこぼそうとしたら、スタッフが慌てていました。(笑)

所長役の野村(昭子)ちゃんが「アドリブばかりだと言われるけど、私は台本を一字一句変えていません!」とよく言いました。それほどよくできた脚本です。毎回、脚本の柴英三郎さんが当時の社会事件を取材して取り入れ、社会派ドラマにして書かれました。〝家政婦の力なんて弱い〟ということも柴さんは描きました。最後に必ず仕返しされるんです。

地上げ屋の回では、紹介所のみんなでご飯を食べている茶の間に、エリートの筋の者がダンプで突っ込んできました。セットに本物を突入させてね。あれはすごかった。

支配者は強い。世の中は簡単に変わらないけれど、それでも家政婦は〝見て〟あらがう。「あんたたち、だまされちゃダメよ」って。そこにテーマがありました。

配役は当日

――常田富士男さんと二人だけで声優を務めたアニメ「まんが日本昔ばなし」は75年から20年間放送。一人10役以上を演じた回も。

もともと声の仕事は好きでした。俳優座にいたころはラジオドラマ全盛。台本を持って駆け回り、しごかれました。

「まんが日本昔ばなし」の台本が届くのは、収録の約3日前。配役は収録当日、告げられました。

――収録は毎週火曜日の4時間。まずは常田さんやスタッフと、たあいないおしゃべり。スープの達人、辰巳芳子さんが「下ごしらえは料理の一番の基」、彫刻家の佐藤忠良さんは「人生のほとんどが雑用」と言うけれど、物づくりは遠回り、寄り道、準備が物をいいますね。雑談を重ね、互いの考えや生き方がわかると、仕事が一つ上に行く気がしました。

〝子ども向け〟なんて気持ちはありません。幼児から老人までに語りかけたつもりです。世の中や人間への思いがありました。もっと優しくなりたい、平和になってほしいと。

――毎回違うタッチの絵で役もさまざま。自然と世界に入れました。

声を変えるのは二の次。大事なのは、役の精神です。青々した大木なら豊かで大きな気持ち、小さな野の花ならひそかに咲くウブな心。絵に心を寄せる、添わせるという感じでしょうか。

苦労したのは力持ちの役です。常田さんの役だと思ったら、私に配役されて戸惑いました。思いついたのが（力士の）高見山。「高見山ってあんなに力持ちなのに声が出てないわ」と。それで、ふーふー、息だけでしゃべりました。

生きるって残酷だけど

放送を終えて思ったのは、人間ってちっぽけだ、生きるって残酷だということです。素直な心でいるから必ず報われるなんてことはない。それでも、私たちは一日一日を大切に生きるのだと。ヤケをおこしたってどうなるものでもない。一つひとつだと。

ポタリと首筋に当たる雨のしずくや、ふーっと吹く秋風のさわやかさ。小さな心地よさを大事に表現したいと思うようになりました。

役にあやかって大きくなれた

――千葉県立第一高校（現・千葉高校）卒業後、俳優座養成所へ。1957年に入団し、「りこうなお嫁さん」で初舞台。演出家・俳優の千田是也さん指導の下、舞台「琵琶法師」「千鳥」など次つぎに抜てきされました。

千田先生はものすごく大きな存在でした。怖くて近寄れず、お稽古が唯一、接する場。でもつまらない芝居だと、そっぽ向いて見てくれないんです。どうしたらこっちを見てくれるか、毎回家で考えました。「やった。今日は見てくれた」と喜び、またがんばる。

「愛は苦しい」

やっとダメを出してもらえるようになっても、単純でないんです。（「三文オペラ」で）「愛の歌」を歌うとき、「あなたが好き」という感じに、いい顔で歌うと、ダメが出ました。なぜ？　と思ったら、「愛は苦しいんだぞ」と。心の葛藤、矛盾、飛躍を、もろに出す指導です。小沢昭一さん、中村美代子さん、田中邦衛さん。みんな先生が好きでした。

24歳の時に出演したブレヒト作「セチュアンの善人」（小沢栄太郎演出、資本主義の冷酷さを描く寓話《ぐうわ》）など、15年の在籍中〝みんなが幸せになることがいかに大変か〟という芝居にたくさん出ました。それが俳優の出発点にあります。

――71年退団、一時〝冬眠〟。これまでの芝居づくりとは違う人たちに出会いたいと出演した「トロイアの女」（74年、鈴木忠志演出）で、舞台への思いが再燃します。「津軽三味線ながれぶし」（76年）は、名優・十三世片岡仁左衛門さんと共演。

びっくりでした。仁左衛門さんって本番が近づいても、せりふを覚えないの。私、困ってプロデューサーに「やりにくいです」って言ったの。そうしたら、「いやぁ、幕が開いたらすごいですよ」って。

その通り、本番は二重回し（コート）にステッキ姿の仁左衛門さんがさっそうと人力車から降りてくる。でもやはりせりふが出ない。そのたびプロンプ（陰でせりふを教える人）3人がシャシャ……とささやく。

でもご当人は終わると、「とちりソバです～」と（おわびのソバを持って）涼しい顔で楽屋に現れる。私はあぜん。さらに見た友人たちが口々に言うんです。「仁左衛門さん、ステキね！」「サインもらって」。また、あぜん。（笑）

井の中のカワズだったんですね。たとえせりふが出なくても、仁左衛門さんが長い芸道で培った何かは、十二分にお客様の心をとらえていた。なのに私は、自分のやり方しか知らなかった。お芝居の不思議、底知れなさ。そんなものがあるのだと肝に銘じました。

少しでも弱い人の味方に

――俳優歴57年。「役は、自分から遠く、わからないものほど楽しい」と語ります。

舞台「ゆらゆら」（2008年）で演じた極悪な母親もそうです。「こんな女、とてもできない」と思ったけれど、1カ月半の稽古中にだんだん変わっていきました。ずっと虐げられ、何一ついいことのなかった彼女。「あんた、こんなにも不幸だったのね」と。

現実社会でも、ただ普通に生きることを望むだけなのに、不幸に陥る人が大勢います。理不尽な社会を思うたびに腹が立ち、少しでも、弱い人や恵まれない人の味方になりたいと思う。そんな気持ちが自分にあると知ったのも、「わからない」役を演じたおかげでした。

ただ寄り添う

「役になりきる」なんてできません。ただその人を理解し、寄り添い、一緒に生きるという感じ。するとある時、「そうか」と腑に落ちて、ちっぽけな自分が少しだけ大きくなれる気がします。それが喜びです。

お芝居にすがって、おぼれて、役にあやかって、仕事をしてきました。演じた役のかけらが体のあちこちの細胞に少しずつ残っています。これからもそうなのでしょうね。

（2014年11月）

脚本家

倉本　聰さん

人々のふるさと奪った原発事故――罪負う気あるのか

――代表作のドラマ「北の国から」が東日本大震災後、再び注目されています。10日からは、東京電力福島第1原発事故を題材にした舞台「ノクターン―夜想曲」を再演。倉本さんが今、言いたいこととは――。

3・11の後、僕は福島をずっと見て歩きました。事故後、患者さんを置いて逃げ、また戻ってきた看護師さんに、そのときの心境を追跡取材しました。原発労働者や地元の新聞記者にも話を聞きました。看護師さんは、「逃げている間の後ろめたさといったらなかった」とおっしゃっていました。

今回、僕がこの芝居で書きたかったのは、天災と人災に巻き込まれた人間たちの、その中で必死に生きようとしたすばらしさなんです。利己的なことのために仲間を裏切ったり自分の正義を捨てた人間が、そのことに悩み苦しみ、人間として生き直す姿なんです。

わずか4年前の原発事故。当時、世界をあれだけ震撼《しんかん》させた悲劇の記憶が、当事国である日本で、こんなにも早く風化し始めていることに、僕は激しい憤りと悲しみを感じます。

東京オリンピックを招致したいために、この国の宰相が、「(原発は) コントロールされている」と笑顔でぬけぬけと言い放つ。メルトダウンの始末もつかないまま、政府や財界が原発再稼働へ舵《かじ》を切り、原発輸出さえしようとしています。

――今も12万人が避難生活をしています。

事故の後、立ち入り禁止である双葉、大熊、浪江、富岡の各町を歩かせてもらいました。人っ子一人いない中、道路にイノシシや牛が歩いていました。

ローンを払いだしたところだな、という真新しい家もありました。古い家だと先祖の写真が掛かっていました。家があるのに帰れない悲惨さを思うと胸がしめつけられます。

僕は前に「昨日、悲別《かなしべつ》で」というドラマで炭鉱の棄民を書きました。今度は原子力の棄民です。賠償金では償いきれない記憶や思い出、感情の集積。それが「ふるさと」です。

「ふるさと再生」と口では言いながら、東北被災地の始末もつけないで原発再稼働などと言っている政界・財界のお歴々は、「ふるさと」という言葉の重みが本当にわかっているのでしょうか。

それを奪い取った戦犯の罪は、それに加担した政治家、財界人、科学者たちが、個人名を明らかにして負うべきものだと思います。

「ノクターン」は福島でも公演します。彼らに寄り添っている人間がいるんだ、ということを見せたくて、何度も改稿を重ねながら3年がかりでつくりました。

〝浪費が善〟という不思議な思想――原点から考え直すとき

――3・11には、天災と人災の二つの側面があるといいます。

昨年、福島第1原発を回りました。とにかく大変です。核のゴミがどんどん増えています。作業員が脱ぐ防護服、手袋、マスク。これ全部、低レベルの放射性廃棄物なんですね。汚染水のタンクも行くたびに増えています。間に合わなくて新たに森を切っています。

最終的に出てくる使用済み核燃料は、高レベル放射性廃棄物で、これに至っては処理方法も引き受け手もない。そのことは、最初からわかっていたはずなんです。だけど、そのうち誰かが考えるだろうと、「未来」というゴミ箱に捨てた。そこに一番の矛盾と無理があると思うんです。

――北海道・富良野が舞台のドラマ「北の国から」(1981〜2002年)は、東京で挫折した黒板五郎が子どもたちを連れ、故郷の電気も水道もない廃屋で暮らす物語です。

五郎は沢から水を引き、風力発電を作ります。五郎が、わざわざ不便を求めるように何でも自分でしようとするのは、座標軸の問題です。子どもたちに真の生き方を教えてやりたい。そういう強固な意志の表れなんです。

こんな一節があります。息子の純が「電気がなかったら暮らせませんよッ」というと、おやじが「夜になったら、眠るンです」という。単純明快です。

60年代には子どもは夜8時には寝ていました。それが今は、11時ぐらいでしょう。おとなにいたってはもっとですよ。だけど日の出や日の入りの時間は、古代から変わっていないのです。

〝需要仕分け〟を

――大量生産、大量消費、大量廃棄の社会に警鐘を鳴らします。

終戦直後、皮肉屋の学校の先生に「これからは壊れない物は作ってはいけないのだ」といわれ、心底とまどいました。「壊れないと新しい商品が売れない。壊れやすい物を作って、壊れたらすぐ捨て、新しい物をどんどん買う。そうすればみんなが幸せになる。それが資本主義の時代だ」と。

節約が善で浪費が悪であるという思想は、浪費が善で節約が悪という不思議な思想に取って代わられました。思想というより、資本家たちの陰謀ですね。

「北の国から」の中で、純にゴミ収集の仕事につかせるため、取材で何日間か、廃棄物収集車に乗りました。そのとき仰天したのが粗大ゴミなるものの正体でした。

2、3年前の新品同様の電化製品。ソファにベッド。どう見てもゴミとはいえない。富良野塾の塾生にもらいに行かせました。

ことの元凶は不要な物を作ることです。需要があるから供給する、というのが物事の原則のはずなのに、今は供給が先にある。「腹がいっぱいでも食え」というわけです。

原発も同じです。供給する側からの議論ばかりで、需要する国民側からの議論はされていない。今、一番大事なのは、〝需要仕分け〟だと思います。例えばコンビニは深夜まで営業する必要があるのか。ネオンはどうか。テレビは24時間放送しなくちゃいけないのか。

あらゆることを海抜ゼロの原点から、もう一度考え直す必要があると思います。

――「北の国から」では、離農する農家や自然の厳しさを余すところなく描きました。

借金漬けで夜逃げした農家をたくさん見てきました。初霜が10日早く降りただけで、ホウレンソウ500万円分がパーになる。自然の営みに右肩あがりはありません。大規模化などで経済成長のシステムに合わせようとすると、たちまち破たんに追い込まれます。「食」は、ほとんどすべて農業・漁業という自然からの贈り物によっています。いくらITが発達しても、コンピューターで食料は作れないですからね。

しかし、農業人口はどんどん減り、高齢化しています。だから僕は徴兵制じゃなくて「徴農制」をやるべきだといってるんです。

◇◇◇◇◇◇◇◇◇

「北の国から」考えたこと――一寸ずつ動かせば必ず動く

――倉本聰さんは1974年、東京を離れ、北海道に移住します。

39歳の時、NHKと衝突して大河ドラマ（「勝海舟」）を途中降板しました。気が付いたら札幌に来ていました。テレビ界から干されたと半分ヤケクソになっていたから、トラックの運転手でもやろうかと思って、自動車教習所に通おうとしたこともありました。ススキノで1人暮らしをしていた2年半は一番勉強になりましたね。ホステス、おっかない人、右翼……。そういう連中と付き合っていると、面白いんですよ、話が。東京にいたときは、利害関係のある人間としか付き合ってなかったことに気づいて、がくぜんとしましたね。それでどうしてものが書けたんだろうと。

1週間だけでしたが、北島三郎さんの付き人もやらせてもらいました。僕のドラマ「幻の町」のロケに来た時の人気がすごかった。この人気はなんだ、と思いました。サブちゃんの興行は田舎の体育館なんかを回るんです。感動したのは、サブちゃんと観衆のやりとり。職業とか年齢とか学歴とか何の差別もない。裸の人間と人間がぶつかり合うんです。テレビドラマを書こうとするなら地べた目線で書かなくちゃいけないと、猛反省しました。

時計の速度

――42歳で札幌から富良野へ。

おおもとには、めざましく変わる都会への不安があったような気がします。姉貴分だった向田邦子さん（故人）には止められましたけどね。「バカなことをやっちゃだめよ」と。

富良野に暮らして一番ショックだったのは時計の回る速度でした。僕は時々、「森の時計はゆっくり時を刻む」と色紙に書くんだけど、遅いんです。最初はイラつきました。例えば家に上る林道にでかい岩が頭を出していて、どかしたいけど、どうにもならない。農家の青年に相談したら、ちょっと考えて、こうすれば1日3センチぐらい動くんでないかい、と。ショックを通り越して感動しました。

僕らの感覚では、1日3センチというと、動かないと同じ。簡単にあきらめ、金を払って誰かに解決してもらおうとします。かなわないなと思いました。

その頃、「一寸引き」という言葉を教わりました。手に負えない重い物は、一寸ずつ動かせ。そうすりゃ、いつかは必ず動く。哲学だと思いました。人が生きる「座標軸」ってものを意識しだしたのはこの頃からです。

——「北の国から」は、地方の農村を拠点に、本当の幸福とは何かを一つの家族の物語を通して問いかけます。

テレビ局（フジテレビ）の命題は、「小さな家族の大きな愛の物語」でした。その命題に従いつつも、こっそり自分の思いを忍び込ませました。

テレビドラマは、第一に面白くなきゃいけない。もう一つ大事なこととして、日本人として言うべきことを言わなくちゃいけない。できればそれと気づかれないように涙や笑いにまぶしながらです。薬でいうと「糖衣錠」。本当に言いたいこと、苦いところは砂糖で隠しちゃう。そういうやり方を志向しました。

五郎の心境

――五郎役には田中邦衛さんが決まります。

「北の国から」では座標軸のぶれない男を書きたかった。それが黒板五郎でした。高倉健さんから始まって、緒形拳、藤竜也、中村雅俊、西田敏行、田中邦衛、いろんな名前があがりました。その中で誰が一番情けなく見えるかってことになって、満場一致で邦さんになりました。

情けない男にしたのは、僕自身が情けないから。イジイジしたり、ひきょうなものの考え方をしたり、反省するところは山ほどあるわけですよ。自分の中にね。

東京で挫折し、富良野でゼロからやり直そう、という五郎の心境は、そのまま僕の心境でした。

「創」と「作」は違う――金がないなら智恵しぼれ

――1000本近くの脚本を書いてきました。第1作は、東大時代に書いたラジオドラマ「鹿火《かび》」です。

脚本や小説は、中学・高校時代からノート何冊分も書いていました。大学時代は、大学に行かないで、劇団「仲間」に通っていました。

授業はまったく出ていません。先生の顔を知らないぐらいですから、試験どころの話ではありません。少し前まで、この当時の夢を年中見てました。「ああ、ノートがない」っていう……。（笑）

夢の中で真面目な女子大生に「ノートを貸してください」とお願いするんですが、冷たく断られてしまう。それが吉永小百合さんだったり、竹下景子さんだったり……。

劇団では、中村俊一という演出家の脇について演出を四六時中、見ていました。公演の時は、劇場で切符のもぎりです。毎回、芝居を見ていましたから、せりふも覚えちゃう。

見て習う。大学時代に丁稚《でっち》に出てたみたいなもんです。

会社員の傍ら

――大学卒業後、ラジオのニッポン放送に入社。倉本聰のペンネームでこっそり脚本を書き続けました。

ある日、部長が呼んでいるといわれ、内職がばれたか、と青くなって出向いたら、「最近、テレビでクラモトソウという若い作家が目立ってきた。おまえ、会いにいって、どんなやつか見て来い」と。

ばれているわけでもないようです。原稿を書きながら時間をつぶし、局に戻って「たいしたやつじゃありませんでした」と報告すると、「そうか」と。なんとか切り抜けました。

4年ほど勤めたうち最後の2年間は、2時間睡眠が続きました。テレビのレギュラーを2本持ってましたからね。精神がおかしくなって、ノイローゼになりました。

シナリオライター一本でいこうと決めたのは、28歳の時です。まずはどんな注文にもこたえられるシナリオ技術者になろうと思いました。僕が、自分なりの表現にたどりついて作家になったといえるのは、50代後半から60代だと思います。

――シナリオライターと俳優を養成する私塾・富良野塾をたちあげたのは、1984年。

49歳の時です。

この世界に憧れる若者は多い。でも若者は金を持っていない。生活費も受講料も不要なシステムはないか、考えました。

受講料は教える側が取らなきゃいい。問題は暮らすことでした。

富良野市街地から東に二十余キロのところに布礼別《ふれべつ》という小さな村落があります。その山間に20年ほど前に農家が見捨てた孤絶した谷がありました。この谷から富良野塾を始めました。

住むところは自分たちで建てます。まず、崩れかけた農家の廃屋を直して住めるようにしようと思いました。

でも塾生たちが遠慮がちに言うんです。

「金がなくちゃあ、何もできません。壁材がいるし、窓のガラスだって、はめなくちゃなりません。第一、くぎがありません」

僕は言いました。

「創作という言葉を知ってるな。創も作もつくるという意味だ。しかし、創のつくると作のつくるは違う。知識と金で前例にならってつくるのが作だ。金をかけないで前例がないものを智恵《ちえ》で生みだすのが創だ。俺たちは創をめざそう。金がないなら智恵をしぼれ」

その結果、取り壊し中の家を探し、家の持ち主と解体屋さんに頼みこみ、使えそうな材料をいただきました。

塾生に言ったときはお金もなく、苦し紛れの面もありました。でも「創」と「作」は違うという考えは、ずっと変わりませんね。

塾生には、農繁期に農家に手伝いに行ってもらい、その稼ぎを生活費にあてました。「第1次産業的労働を通じて人間の原点に立ち戻る」ことが目的でした。

われわれ物づくりの道とは、すそ野の末端から一歩一歩と、時を惜しまず歩くことです。地に足のついたシナリオライター、俳優を育てたいと思ったのです。

◇◇◇◇◇◇◇◇◇

おやじから受け継いだもの——損得考えず真っすぐ生きる

——富良野塾は26年続き、375人が巣立ちました。講義で力を入れたのは登場人物などの履歴づくりです。

「木は根によって立つ。されど、根は人の目に触れず」と教えます。物語の根っことは登場人物の創造です。

年齢、生年月日、出身地及び育った場所の具体的なイメージ。初恋から始まる恋愛歴。失恋、破恋の一つずつの理由。住んでいる町の地図、部屋の間取り。窓から見える景色……。

ドラマを1本の木とするならば、一人ひとりの役を掘り下げてつくることが木の根を深くします。特に欠点を拡大することで個性が光ります。チャーミングに見えてくるんですね。だから「北の国から」の五郎の履歴は欠点だらけにしました。

履歴は物にも必要です。例えば純が北海道から東京に出る際に、トラックの運転手から渡された1万円札には泥がついていました。この札には泣きたいほどの履歴があります。そういうことの積み重ねがリアリティーをつくるのだと思います。

——ライターも俳優も情報の受信が大事、そうしなければ発信はできないといいます。

乾いたスポンジをいくら絞っても水は出ない。それと同じです。ただし、本やテレビからの情報は、誰かの頭を通過した第二次情報です。自分が直接見、聞き、嗅ぎ、触り、体験することを通して発見することです。

「今日、悲別《かなしべつ》で」という閉山した炭鉱を芝居にしたときは、稽古に行き詰まると、深夜1時間かけて炭住の廃屋群に行きました。真っ暗な空き家に入り、懐中電灯の光で稽古するんです。すると、生活していたときの匂いがわかるんです。
土間から「父チャンオツカレサマ。レイゾーコニ、チャーハン　ハイッテマス」という紙を見つけた時は、涙があふれそうになりました。リアルな生々しさは第一次情報でしか得られないんです。

——せりふを書く時、語尾を大切にします。

俳優の多くは、意味が伝わればいいと思っているから、語尾を自分流に変えちゃうんです。そうすると、キャラクターの性格が変わるんですね。

「倉本は、役者が一言一句変えてもいけない」っていう悪評が立ちましたけど、違うんです。これは一気呵成《かせい》に言ってほしいから点を打っていないとか、全部意味があるんです。

僕の行動理念

——倉本さんのせりふは、韻を踏んでいてリズム感があります。

4、5歳の頃、おやじに宮澤賢治の音読をさせられました。リズム感は大きくなってからは身に付きません。すごくメリットになっていると思います。

僕が自然に興味を持つようになったのも、おやじの影響ですね。東京で医学の出版社を経営していたおやじは俳人でした。中西悟堂さんという日本野鳥の会の創設者と仲が良くて、僕が4歳ぐらいのときから山歩きに連れて行ってくれました。4歳にして鳥の名前と鳴き声を全部覚えたときは、神童と呼ばれましたね。去年、東京新聞から知らされたのですが、クリスチャンだったおやじは戦時中、反戦のことを書いて、特高につかまったこともあったようです。

亡くなった時には借金しか残さなかったんですが、年を取れば取るほど、おやじから残してもらったものが多かったなと思います。僕らが自然の一部であること。損得を考えずにまっすぐ生きること。たたかうことを恐れないこと。自分の価値観は自分で決めること。ありとあらゆるものを生前贈与されていたなと気づきました。

9年前、閉鎖されたゴルフ場を森にかえそうと、NPO法人富良野自然塾を設立しました。「まず跳ぶ――。しかる後、考える」というのが僕の行動理念です。やれるかやれないか、なんて考えていると、結局、跳べないで終わっちゃうんですよ。

（2015年1月）

俳優

鈴木瑞穂さん

軍国主義から目覚めた平和

「満州」の実態

――1927年、中国との国境の町、北朝鮮の龍岩浦《りゆうがんぽ》で生まれました。父は、日本から赴任した朝鮮人中学校の教師でした。

僕が4歳になる直前、「満州事変」（31年）が始まりました。45年の敗戦まで、青春時代は全部、十五年戦争と重なるわけです。

物心ついた頃から、徹底した軍国主義教育を受けて育ちました。日本人のための尋常高等小学校では、「諸君は天皇陛下にその身をささげているんだ」と言われ、死を美しいものと考えていました。

家に17歳くらいの朝鮮人女性のお手伝いさんがいて仲良くしていましたが、「この人を一等国民＝日本人にしてやらねば」と考えていました。

朝鮮人は毎朝、天照大神《アマテラスオオミカミ》をまつった神社に整列させられ、「皇国臣民の誓詞」、「我等は皇国臣民なり、忠誠以《もっ》て君国に報ぜん」を日本語で唱えさせられます。「五つの民族が協和して満州をつくる」という「五族協和」の実態がこれでした。

旧制中学は、鴨緑江《おうりょくこう》（中国と北朝鮮の国境の川）を渡った「満州」の安東市にありました。

――43年、旧制中学を4年で修了し、単身日本へ。広島・江田島の海軍兵学校に入りました。そこで原爆投下を目撃しました。

45年8月6日朝、教室でモールス通信の準備をしていたら、突然、真っ白な光線に包まれました。「なんだ？」と思ったら、ズーンという地鳴りと震度3ほどの揺れ。山に登ると、海を隔てて約10キロ先の広島が、ダークオレンジの炎と煙に包まれている。見る見る煙は盛り上がり、キノコ雲になりました。

「市民はみんな大やけどだ」とうわさが流れました。状況がわからないまま、夕方、水兵がカッター（手こぎ舟）に水と消毒薬を積んで出ましたが、途中から戻ってきました。「広島港は死体だらけで、オールが引けない」と言うんです。風に乗り、島にも広島の腐臭が漂いました。

怒りに震えました。当時の日記に〈人間がここまで人間をおとしめることができるのか！〉と書いています。

敗戦を境に、「若者よ、大義のために死ね」と言っていたおとなたちがコロッと「民主主義者」になりました。復員した兵隊は目的を失い、自殺者や犯罪者が大勢出ました。

憲法は愛情に満ちていた

――敗戦後、岩手・陸前高田の伯父宅へ。漁を手伝い、「なぜ自分は生き残ったのか」と悩みました。引き揚げてきた父はすぐに亡くなり、伯父の勧めで京都大学入学。その46年、憲法が公布されます。

新憲法は、ザラザラの紙パンフレットのようなものに印刷されていました。読み始めて、強烈な衝撃を受けました。日本は戦力を放棄する、もう二度と戦争しない。なぜこんな優しい言葉で、一人ひとりの人間に愛情を注げるのか？　殺すか殺されるかだけを考えた僕の人生は何だったのかと思い、涙が出ました。

色彩豊かな生

――マルクス経済学者・河上肇《はじめ》著『貧乏物語』を読み、衝撃を受けました。1950年、京都で劇団民藝の演劇、チェーホフ作「かもめ」を見ました。

これも衝撃でした。チェーホフは戦争中、敵性文学だったのでまるで知りません。でも芝居を見るうち涙があふれました。人間の喜び、怒り、憎しみ、愛。生きるとはこんなにも色彩豊かなものか。死ばかり見つめていた僕は初めて、人間らしい感情というものを知ったのです。

見終わってどうしてもそのまま帰れなくて楽屋を訪れたら、宇野重吉《じゅうきち》さんに「よかったら来年うちを受けに来ないか」と誘われました。東京・青山の稽古場で受験したのが、俳優の始まりでした。

――「現在の日本の状況は、戦前とそっくりだ」と危ぶみます。

故ワイツゼッカー元ドイツ大統領は、「過去に目を閉ざす者は、現在も見えなくなる」と言いました。日本の為政者は、歴史に学ばず、未来への想像力を欠いています。加害の歴史をはっきり認識し、何を生み出していくかを考えなきゃいけないと思います。

僕は二度と戦争を味わいたくないし、自衛隊員や若者に、あのせい惨な戦場を味わわせたくない。原爆を見た者として原発を許せない。

世界から戦争や核兵器をなくすのは、憲法が追い求める夢です。もっとも軽蔑すべきは「現実」に合わせ、夢を地べたに引きずり下ろすことでないのか。

政党でいえば、日本共産党はいつも夢に向かって現実を変えようとしてきた。僕はそこを信頼します。現政権が戦争に向けた法案づくりをはじめ、戦争参加が現実の危機になりつつある今、これに対抗する共産党にもっと強くなってほしい。

初舞台から63年――自分を磨き抜けば個性が残る

――初舞台は1952年、空襲の跡が残る東京・新橋演舞場の劇団民藝公演「五稜郭血書」（作・演出／久保栄《さかえ》）。稽古場にはセットもなく、床にテープが張りつけてあるだけ。想像力を駆使しました。

軍艦の甲板の雪を払う場面なんですが、どこまで甲板かさっぱりわからない。「鈴木君、そこは空です！」と久保さんに怒られてね。

一人で8役。せりふは一言。役の間に舞台転換までやり、初舞台というより障害物競争でした。

厳しかった久保さんが千秋楽に、「よくやったじゃないか」と著書『新劇の書』をくださいました。裏表紙に達筆で、〈編み笠を脱げばはるけし夏の雲〉と書いてありました。治安維持法で投獄された久保さんが、解放され、囚人の編み笠を脱いだ時の感動をよんだ句です。うれしくて、一発で芝居から抜けられなくなりました。

――60年安保闘争の直後、70人からなる第1次訪中新劇団に参加。帰国後、アーサー・ミラー作「るつぼ」の主人公プロクターを演じました。

僕は野球で言えば、直球で勝負するタイプ。でもこの役には、くせ球がいる。無実の罪で死刑宣告を受けて叫ぶ場面は、体の力を全部抜き、柔らかい中にビーンと立ち上がるもので高揚感を出さなきゃダメ。滝沢修さんに、「ほらほら、力が入ってる」と小突かれ、稽古しました。

この役で芸術祭奨励賞をもらい、宇野重吉さんに背広を借りて表彰式に出ました。そこでやっと、「何とか役者をやっていけるかな」と思いました。

外国では、俳優は肉体や発声の訓練を約6年受け、初舞台に立つと言います。自分のイマジネーション（想像）を演ずるには技術が必要。僕は民藝の先達にもまれ、育てられました。

変化が面白い

――71年、民藝を退団し、翌年、故・早川昭二氏らと演劇集団銅鑼を創立。社会派作品を多く創造してきました。

民藝時代以上に大変でした。公演期間中もチラシを持って、学校や労働組合回り。何十軒も歩き、観客を集めてから楽屋入りです。でもおかげで、芝居を一緒に作る仲間が全国にできました。

思い出深い作品がたくさんあります。

「炎の人」のゴーギャン役、「橙色の嘘《だいだいいろ》」は看護師に淡い恋心を抱く老医師、俳優座劇場プロデュース公演「夜の来訪者」では、戦争で財を成した一家の主人。八木柊一郎《しゅういちろう》さんが英国の戯曲を戦争前夜の日本に翻案し、誰もがこの社会に責任を負って生きているのだと問いかけました。

――2015年現在、町工場の奮闘記、「はい、奥田製作所。」で巡演しています。人情厚い老社長役です。

若い劇作家が今の生産現場を取材して書いた作品です。テーマは〝物づくりは人づくり〟。下請けで苦しい中、町工場が横につながり、何かを作ろうと探る。

どこでも、お客さんの拍手が温かいんです。隣の工場を見る感じで、共感してもらっているんじゃないかな。

東日本大震災で思い知らされました。中小企業の生産が止まれば、僕たちの生活は、缶ジュースのプルトップ一つさえ立ち行かなくなります。日本を底辺で支えているのは、中小企業なんです。

――初舞台から63年。

芝居も演技も、変わり続けるから面白い。

新国立劇場で「ヘンリー六世」に出演した時、演出の鵜山仁《うやまひとし》さんが終演後、楽屋に来て、「あの場面、こう変えたらどう?」と熱っぽく語るんです。でもその日は千秋楽。翌日はない。そう言ったら、彼は照れていました。そんな、今日より少しでもいいものをという人が好きです。

俳優は、「その人に非《あら》ずして、その人を憂う」と書く。役に近づこうともがくのが演技だと思います。役者は、その中で自分の狭い人生体験を超え、変化できる。個性とは、自分を磨き抜いてなお残るものだと思います。

僕が出会った監督たち

――劇団民藝時代から数多くの映画に出演してきました。

幸せなことに、僕はたくさんの優れた監督と出会ってきました。いい監督は一つの場面を撮るにも本質をつかんでいる。ダメを出すのもうまい。お釈迦《しゃか》様の手の上にいるみたいに、気分よく演じてきました。

役者の膨らみ

一番多く仕事した山本薩夫監督もそうでした。松川事件がモデルの「にっぽん泥棒物語」では被告の鈴木信さん、「白い巨塔」は医療ミスを訴える庶民派弁護士、「戦争と人間」は全3部のナレーションもしました。

山本さんはダイナミックでした。何回とちっても、「いいよ、大丈夫」と決して俳優を責めませんでした。

「戦争と人間」で飲んべえの先輩役者がいました。関東軍の作戦会議の約20秒の場面ですが、何回やっても地名や師団名を間違えて午前中をつぶしちゃった。でも監督はあくまでカットを割らず、ひとつなぎで撮ろうとする。休憩を取り、監督が彼とゆっくり話して午後一発でOKになったことがありました。

役者の気持ちの膨らみを大事にする人でした。よく役者を見ていて、膨らんできたと見るや、「さあ、本番だ!」と、その瞬間を逃しませんでした。

京大の同級生で、地味だけど良い作品を撮った松尾昭典監督、「くじけないで」の深川栄洋監督。すばらしい監督たちです。

――3歳下の熊井啓監督は友人でした。「帝銀事件　死刑囚」、「日本列島」、「地の群れ」。えん罪や米軍、差別をテーマにした作品に多く出演しました。

ある時、僕が「あなたの映画は暗いものが多いね」と話したら、熊井さんが言ったんです。「暗さをまっとうに見ない人間に、本当の明るさは見えないよ。本当の暗さを突き抜けなければ、本当の明るさは見えないんだよ」って。

最後にシナリオまで書いて撮れなかった映画も、渡辺謙さん主演の脱獄囚の話。よく「俺はまだまだだ」と言っていました。本当に惜しい人でした。

――自身も演技を通して、「なぜ」をくり返してきました。

人生87年、芝居63年。振り返れば、「人間って何だろう?」という問いをくり返してきました。

人間とは、本来すばらしいものだと思います。でもあの日広島に原爆を投下し、一瞬で十数万人の命を奪ったのも人間、東京大空襲で人々を焼き尽くしたのも人間。人間はこんなに愚かで残虐なものかという場面に何度もあいました。もし人間がすばらしいものなら、それをゆがめるものの正体を知りたい。

俳優は、常に時代に敏感でなきゃいけないと思います。犯罪者の役が来れば、なぜ彼が罪を犯したか、救う仲間はいなかったか、と問い続ける。ただ漫然と台本の活字を言葉にするだけでなく、「なぜ」と問う中でこそ、役の向こうに社会と時代が見え、監督や作者の描こうとした人間像が出てくるのだと思います。

そうは言うものの、僕もまだまだわからないことだらけです。チェーホフが書いたように、「今日は天気がいいね。お茶を飲もうか、首をつろうか」という不思議な存在が人間です。一生、わからないのかもしれません。

えっちら行く

――来年（2016年）も舞台出演が決まっています。

周りは、「まだまだ当分いけます」と言っています（笑）。足腰が割と強いのが支えです。健康法は、ほぼ毎朝2時間、8キロくらいのウオーキング。川沿いをすたすた歩きながら、四季の移ろいを感じるのが、また楽しいんです。

一つ役が終われば、翌日からまた「頂上」めざして、えっちらおっちら行く。それが俳優です。そうやって死ぬまでに何か一つ、成し遂げられたらと思うんでしょうね。

（2015年3月）

東京大学カブリ数物連携宇宙研究機構長

村山　斉さん

素粒子から宇宙が見える

――ベストセラーになった『宇宙は何でできているのか』（2010年、幻冬舎新書）をはじめ、わかりやすい入門書や市民講座で、宇宙ファンを広げていますね。すごく面白い映画を見たり、音楽を聞いて感動したとき、誰かに話したくなりますよね。

ここ10年ほどの間に、宇宙について、新しいことが次々にわかってきました。400年前の「天動説」から「地動説」への転換に匹敵するくらい、宇宙観はがらりと変わりました。

私はとてもワクワクして興奮しているので、みなさんに伝えたくて仕方がありません。

考える授業

――宇宙の話には興味がありますが、物理が苦手という人は多いと思います。

教科書を読んで覚えるだけの勉強は、無味乾燥で、つまらないですよね。私の高校時代の物理の授業は、ちょっと変わっていました。先生の名前は滝川洋二といいます。現在はNPO「ガリレオ工房」で、科学の楽しさを伝える活動をしています。「赤旗」日曜版でも執筆されているそうですね。(注=少年少女のページ、月1回)

授業は必ず実験室でした。先生は最初の授業で生徒に氷砂糖を配りました。「何を使ってもいいから、小さくしなさい」って。みんなカッターで一生懸命に刻みました。でも、よく見ると粒々がみえる。次にすりこぎを使うと、粉になって粒が見えないくらい小さくなった。

すると、滝川先生が「虫眼鏡で見てみなさい」という。見ると、まだ粒々なんです。そこで授業は終わり、何を勉強したのかわからない。(笑)

私が今の仕事についてから、先生にお会いしたとき、「あの授業は、原子がいかに小さいか、ということをいいたかったんですか?」と聞いたら、「そうです。よくわかりましたね」と。20年ぶりに答えがわかりました。(笑)

受験にはさっぱり役に立たなくて、初めて受けた全国模試の物理は46点でした。だけど、自分で考える、やってみる、失敗する、考え直す、間違いを認める――というプロセスを経験しました。こうした授業の数々は印象深く、今でも覚えています。

私はアメリカの大学で教えていますが、学生たちは、授業がわからないと「もっと分かりやすく教えろ」と、食い下がってきます。

日本では、ありがたく拝聴するという感じです。文化の違いはあるのですが、科学にとっては、あまりいいことではありません。

ビッグバン

——専門は素粒子物理学ですね。なぜ宇宙の研究を？

「素粒子」とは、読んで字のごとく、物質の「素《もと》」となる粒子のことです。たとえば、コップでも人間でも、その性質を調べるために、どんどん細かく分けていきます。すると原子まで小さくなりますが、まだ先があります。原子の中には原子核があり、原子核の中には陽子と中性子がある。そこで終わりかと思ったら、まだクォークがあった。このクォークが素粒子です。

一方、宇宙の研究者は望遠鏡を使い、できるだけ遠くの星を見て、大きな宇宙全体を知ろうとしてきました。

二つの別の学問を結びつけたのが「ビッグバン」理論です。

20世紀前半まで、宇宙は始まりも終わりもない永遠不変の空間だと考えられていました。あの天才物理学者アインシュタインさえもです。

ところが、その後、宇宙が膨張していることがわかりました。だとすると、ビデオを巻き戻すように過去にさかのぼれば、どんどん収縮して、最後は一点につぶれてしまいますよね。

広大な宇宙空間を素粒子サイズにまで圧縮すれば、すさまじい超高温、超高密度状態になります。この小さな〝火の玉〟がバーンと爆発するように膨らんで、現在の宇宙になった。これが「ビッグバン」です。

宇宙の始まりを知るためには、素粒子の解明が不可欠になりました。この世でいちばん大きな宇宙と、いちばん小さな素粒子の研究が結びついたのです。

138億歳の宇宙

――千葉県柏市にある研究所。建物に入ると、廊下やロビーに黒板がズラリと並んでいます。どれも数式がびっしり。ドラえもんの落書きをみつけてホッとしました。

この研究所は、「数物連携」の名前が示す通り、数学者と物理学者が協力し、さらに、天文学者も一緒になり宇宙の解明に挑んでいます。

なぜ、宇宙の研究に数学者？ と不思議に思うかもしれません。

地動説を唱えたガリレオ・ガリレイは「宇宙という書物は数学の言葉で書かれている」という有名な言葉を残しています。数学を使わないと自然界は理解できないという意味です。

私たちにとって、数式は文章と同じです。宇宙には驚くべきことがたくさんあって、普段の生活で使う言葉では表現しきれません。研究者同士は、立ち話をするにも黒板が要るんです。

近寄りがたいなんて思わないでくださいね。

「宇宙に果てはあるのだろうか」

「私たちはどうして、この宇宙に存在するのだろう」

誰でも一度は考えたことがあるでしょう。

私たちは、そんな宇宙への根源的な疑問に答えようと地道に研究を続けています。

昔の姿を観測

――宇宙の解読はどこまで進んでいますか。

地上約600キロメートル上空、地球の軌道上を周回しているハッブル宇宙望遠鏡（アメリカ）は、大気や天候に邪魔されることなく、はるか遠くの星や銀河の鮮明な写真を私たちに見せてくれます。

地球から宇宙を観測するとき、見えるのは「過去の姿」です。光は秒速30万キロメートル（地球7周半）の猛スピードで進みます。

太陽の光が地球に届くまでは約8分。今見ている太陽は8分前の姿です。遠い星ほど昔の姿を見ていることになります。光が1年かけて進む距離を1光年といいます。

宇宙の年齢は138億歳ということがわかっています。ハッブル望遠鏡は132億光年遠くの天体を撮影しています。宇宙が始まってから、たった6億年しかたっていない時の姿です。

それどころか、もっと前の宇宙も見えているんですよ。宇宙誕生からわずか38万年後の赤ちゃん宇宙です。

まだ星や銀河は生まれていません。そこにあるのは原子です。

私たちの目には見えないのですが、電波で捉えることができるんです。光と電波は同じものです。光は波なので、宇宙を進んでくるうちに伸びて、波長の長い電波になります。

この38万歳の赤ちゃん宇宙を捉えたことが、「ビッグバン」が本当にあったという証拠になりました。

ビッグバン〝再現〟できる

ここまでくると期待しますよね。もっと技術が向上して望遠鏡の性能が上がれば、宇宙の始まりが見えるかも！　と。

残念ながら、これより先は、どんなに高性能の望遠鏡でも見ることはできません。生まれたばかりの宇宙はすごく濃くて熱いスープのようなものでした。激しく動き回っている電子にぶつかって、光は真っすぐ進めません。光がなければ、私たちは見ることができません。すぐそこの太陽の中が見えないのも同じ理由です。

ですから、加速器(注)という装置を使って、ビッグバンの様子を実験室で再現して調べています。こうした研究で、宇宙誕生から1兆分の1秒後の姿まで迫れるようになってきました。

(注)　加速器
電子や陽子など電荷を持った粒子を電磁場の力で加速させる装置。ビッグバンの再現は光速近くまで加速した粒子同士を衝突させます。

驚きに満ちた宇宙

「万物は原子で」できていない

――膨張する宇宙は将来どうなりますか？

実は、宇宙はただ膨張しているだけでなく、「加速膨張」しているのです。

２０１１年にノーベル賞を受賞した大発見です。これには世界中の研究者がほんとうに仰天しました。

だって、頭上に放ったボールが上へ行くほどスピードを上げるなんて考えられないでしょう？　重力に逆らって、何かの力がボールを押していることになります。

これと同じで、宇宙には膨張を押している謎の力があります。この力を「暗黒エネルギー」と呼んでいます。

このまま加速が続けば、将来、膨張のスピードは無限大に達し、宇宙はビリビリと引き裂かれます。銀河や星はバラバラになって原子になり、原子もバラバラになります。これを「ビッグリップ」といいます。

あるいは、ある時点で膨張が止まり、収縮に転じるかもしれません。この場合、最後は一点につぶれてしまいます。これを「ビッグクランチ」といいます。

学校で「万物は原子でできている」と習いましたよね。これもひっくり返りました。

原子は宇宙の全質量の約5パーセントしかないことがわかりました。残りの大部分は「暗黒エネルギー」と、「暗黒物質」と名づけた原子ではない謎の物質です。どちらも正体は皆目わかりません。

多次元宇宙

もう一つ、驚く話をすると、私たちは、多次元宇宙があるかもしれないと考えています。SF小説みたいですが大真面目です。次元とは動ける方向のこと。私たちは、上下、前後、左右に動けるので3次元空間にいます。

しかし、素粒子を研究していると、3次元では説明がつかないことがたくさんでてきました。

図を見てください。綱渡りする人間は前後にしか進めない1次元ですが、ロープの上にいるアリにとっては前後左右に動ける2次元です。

宇宙には、人間には見えない小さな空間があり、素粒子はその空間を自由に動いているという理論です。

現在、有力なのは「9次元」説です（時間を加えると10次元です）。その空間がどんな形状をしているかは、幾何学の分野なので、数学者の出番です。

――頭がクラクラしてきました。

「こんなことが分かって何になるんだ？」と、聞かれることがあります。確かに、私たちの生活に影響はありません。

しかし、人間は何千年も前から、夜空の星を眺めながら考えてきました。この宇宙の中で私たち人間がどんな位置にいるのか、なぜ存在するのか……。人間って、そういうことを考えないと自分自身を理解できない特殊な生き物なのだと思います。

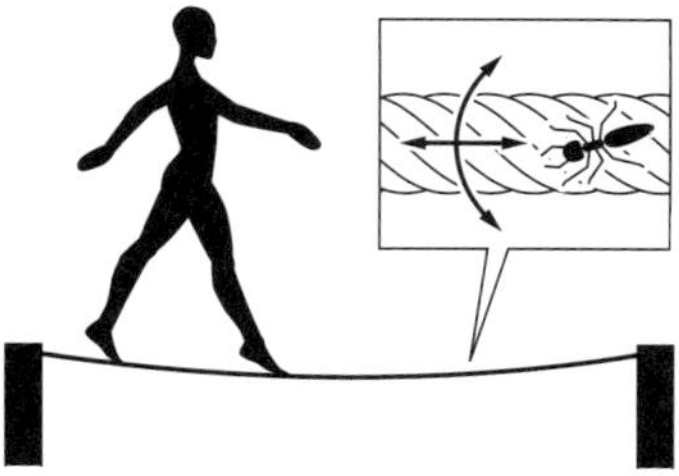

人間には１次元でも、
アリには２次元

――最後に、原発事故後、科学者の間ではどんな議論があったのでしょうか。

私たちは「科学者の社会的責任」について、ずいぶんと議論をしてきました。コンセンサス（合意）ができたとまではいえませんが、私を含め多くの科学者が強く感じているのは、一般の人たちと情報を共有することの重要性です。

科学には利益とリスクの両面があり、本来、科学者が「絶対に安全」ということはあり得ません。私たちには、正しい情報を伝える義務があります。

専門用語や数式を普通の言葉に置き換えて、みなさんにわかりやすく説明することができるはずです。

科学者の提供する情報を元に、国民一人ひとりが判断していくしくみが大事です。

実際に、新たな情報発信の試みも始まっています。私自身もその努力を続けていきたいと思っています。

（2014年4月）

写真家

田沼武能さん

（本人提供）

66年、肖像を撮り続けて――顔は本質、人生写したい

――このほど人物写真の集大成となる写真集『時代を刻んだ貌《かお》』（2015年、クレヴィス）を出版。横山大観、高村光太郎、岡本太郎、黒澤明、森光子……。21歳から撮り続けた文化・芸能人ら240人の肖像です。

肖像写真を撮るようになったきっかけは、師・木村伊兵衛の紹介です。1950年に『芸術新潮』が創刊され、先生が僕を推薦してくれたんです。嘱託社員になり、文芸誌『新潮』のグラビアも撮り始め、著名な作家や文化人のご自宅やアトリエを訪ねました。

志賀直哉さんのお宅は、東京・青山にありました。先生は部屋で奥さんに注射を打ってもらうと庭に出て、スズメにエサをやり始めました。撮ろうとすると、心優しい先生は、「待ってくれたまえ」。スズメがエサを食べて完全にいなくなるまで待たされました。

永井荷風さんのお宅は質素そのものでした。三畳間の畳は擦り切れ、小さな手あぶり用火鉢が一つ。ズボンのボタンが外れたままで、正座されていました。奥の部屋に万年床が

見えて、背景に入れようとしたらハッと気づかれ、ふすまをパンと閉められちゃった。

――後に、世界の子どもや武蔵野の写真で有名になる田沼さん。20代半ば、著名人の素顔が見えるような肖像写真で人気写真家となりました。

顔を撮ることで

古代ローマの哲学者キケロは、「顔は精神の門にしてその肖像」と言っています。僕は顔を撮ることで、その人の本質――考えや心構え、人間史というものを写したいと考えてきました。撮影が決まると、寝る間を惜しんで著書を読み、作品を見ました。その人のことを何も知らずに、本質には迫れませんものね。

素顔といえば、雪の研究者、中谷宇吉郎教授には撮影を重ねる中で仲良くしていただき、正月は毎年お宅で一杯やるのが楽しみになりました。先生の水墨画展に行った時、一高の同窓生、十河《そごう》信二さん（元国鉄総裁）や安倍能成《よししげ》さん（元文部相、学習院院長）らが現れ、肩を組んで校歌を歌う場面が撮れたこともあります。

――撮影では、合間にしてくれる話が面白かったと振り返ります。

浅草のつげぐし職人のおやじさんは、「自分が親から習ったのは、〝職人が一人前だと思ったらそこで仕事の進歩も終わり〟だ」と言いました。今でも大事にしている言葉です。

思えば、先生方にとって、僕は孫世代。まるで孫に語るようにしてくれた話は、人生の宝、教科書です。僕の10代は戦争一色。勤労動員でほとんど学べませんでしたから。

戦争は狂った世界

――29年、東京・浅草の写真館の6人きょうだいの4番目に生まれました。建築家志望で大学予科受験の浪人中だった45年3月10日未明、ドドド、ドーンと地響きがして向かいの家に焼夷弾《しょうい》が落ち、火を噴きました。数時間で10万人が死亡した東京大空襲です。

家族を先に逃がし、おやじと僕はバケツで消火にあたりました。でも火の手が強過ぎ、強風で、かけた水が自分に戻ってくるんです。

おやじと自転車に2人乗りで逃げました。周りは全部火の海。隅田川の白鬚《しらひげ》橋を渡ると、鐘紡の工場がすごい勢いで燃えていました。

これ以上進もうにも熱風で息ができない。隅田川そばの空き地で夜を明かしました。

地獄絵でした。川にたくさんの死体が浮き、道端に焼け焦げた死体がゴロゴロ転がる。焼死臭が漂う。背中に死んだ子どもをおぶったまま女性が倒れていましたが、どうすることもできませんでした。

たどり着いたわが家は全焼でした。家の前の防火用水桶に〝お地蔵さん〟が……。目を凝らすと、焼け死んだ子どもでした。猛火の中、母親がどうしようもなくて、水に入れたんでしょう。水が蒸発し、手を合わせるように……。今も思うんです。お地蔵さんは、子どもの化身なんだろうと。

あの時の光景が、僕のジャーナリストの原点になっているのかもしれません。

戦後70年がたち、戦争が美化され、何か格好いいものに思わされています。ゲームでは死んだ人間がパッと生き返る。でも現実は違う。戦争は殺し合いです。大勢殺した人間が勲章をもらう狂った世界です。そんなことが起きては困るんです。

2015年8月、日本写真保存センターが、原爆投下から3カ月間に撮った写真約60点で写真展を開きます。写真でこそ伝わる真実があります。写真は人間の記録遺産です。

◇◇◇◇◇◇◇◇◇

わが師・木村伊兵衛の言葉──被写体にほれろ、語らせろ

──敗戦、写真の専門学校に進みました。

やるならフォトジャーナリズムだ、いずれは世界的な写真週刊誌『ライフ』に載りた

い。それが夢でした。

それで、写真家・名取洋之助が「日本のライフ」を目指して創刊した「週刊サンニュース」の会社に入りましたが、休刊になってしまいました。

ニュース部門に配属されましたが、給料遅配の赤字会社でした。みんな出社すると、仕事そっちのけで電話をかけてアルバイトの口を探し、会社側も「それは助かる」という調子。社員全員が自分で食いぶちを探すという不思議な会社でした。

——社に日本を代表する写真家、木村伊兵衛がいました。

僕は「押しかけ助手」になりました。木村が休日、ライカ（ドイツ製高級カメラ）片手に下町へスナップ撮影に出る情報をかぎつけて、付いて行ったもんです。

居合い切り

助手といっても給料なし。技術も一切教えてくれません。でも師が何をどう撮るかをそばで見るだけで、大変勉強になりました。

師のスナップはまるで「居合い切り」でした。道の向こうから人が歩いてくる。その人と背景を見て瞬時に構図を考え、バッと2～3枚撮る。すれ違った時には勝負は決していて、相手は撮られたことにも気づかない。撮り損なって追いかけるなど、絶対しません。

しかも何気ない日常を撮っただけなのに、そこには、人間のドラマと時代が切り取られている。天才でした。

いい写真が撮れた日は、どじょう屋で一杯飲みながら、「粋なもんだ」「おつなもんだよ」と上機嫌でした。

木村との差を思い知らされたのは、舞台「どん底」に出る女優を一緒に撮った時でした。

写真を見比べ、がくぜんとしました。僕の写真にはただ人が写っているだけ。木村の写真には役の空気が写っている。芝居の中身など知らずに撮った僕と違い、木村は、ちゃんとテーマと役の意味をとらえていたんです。

「相手にほれなければ撮れない」、「被写体に語らせろ。〝自分〟が出ちゃだめだ」という木村の言葉が身に染みました。

——そして20代半ば、人物写真で売れっ子に。

ある日、木村が言いました。「おまえは頼まれた仕事をこなしているだけだ。すぐ飽きられ、ガムみたいにはき捨てられるぞ」と。「自分の写真を撮れ!」という言葉が胸に刺さり、僕は自分のテーマを探し始めました。

テーマ発見

――ライフワークとしてのテーマがひらめいたのは１９６６年、「ライフ」の契約写真家になった37歳の時。パリ郊外の森でした。

日曜で親子が遊びに来ていました。車から降りると、一目散に森へ走っていく子どもたち。その姿を見るうち、僕は夢中でシャッターを切っていました。

その時ひらめきました。「ザ・ファミリー・オブ・チルドレン」。世界の子どもたちの素顔を通して、世界の現状を伝えられないかと。きっとできる、やろうと撮り始めました。

当時、子どもをテーマにした写真は珍しく、ばかにされたこともあります。でも信念がありました。撮りたかったのは人生です。ゆりかごから墓場まで、人生はドラマ。とくに子どもは喜怒哀楽をレンズにぶつけてくる。彼らが何に笑い、泣いているかを撮ろうと。

個展「すばらしい子供たち」を開いたのは、９年後（７５年）でした。

――木村はその前年、個展を見ることなく、亡くなりました。

生前、木村に子どもたちの写真を見せた時はいつもと同じ、無反応でした。でも死後、人づてに、木村が「田沼はいい仕事をしているよ」と話していたと聞き、本当にうれしかった。

写真を撮り続けて六十数カ国を訪ねた８４年、オランダ航空の機上で新聞記事を読みました。「黒柳徹子さん　ユニセフ親善大使に任命される」。帰国後すぐ、彼女に連絡を取りました。

◇◇◇◇◇◇◇◇◇◇

ユニセフ親善大使・黒柳徹子さんと30年——夢語る戦禍の子どもたち

——ユニセフ親善大使の黒柳徹子さんに同行取材して30年。32カ国を訪れました。

彼女との付き合いはもう70年近く。「テレビ女優第1号」としてデビューした時に撮影して以来です。ユニセフに同行したいと申し出た時も、「いいんじゃない」と。1回目の1984年のタンザニア訪問から、一度も欠かさず同行してきました。全部自費です。

親善大使が行くのは、緊急援助をまさに今、必要としている国々。その事実を少しでも多くの人に伝えることが目的です。僕はそれまで19年間、世界の子どもの写真を撮っていましたが、ユニセフの取材では、一人の時には行けなかった現場まで入れました。

——1回目の同行から、惨状に直面しました。

タンザニアでは「二十世紀最悪」といわれる飢餓で、多くの人命が失われていました。

6歳の男児は栄養失調で脳障害を起こし、立つことも話すこともできず、「ギーヨン、ギーヨン」と声を上げていました。

黒柳さんは必死でした。50度を超える猛暑の中を歩き回り、話を聞く。「飲み水がこんなに汚れている」とわかってもらうために、服のまま泥水に入り、ビーカーにすくって見せる。白い服を着ていても、泥だらけの子どもを抱きしめます。

一生懸命な心が相手に伝わるのがわかりました。彼女は戦争中の疎開で食糧難を体験しています。気持ちが重なったんでしょうね。

――年をへるごとに、訪問先として紛争国が増えていきます。

ほとんどが地下資源をめぐっての内戦、大国の代理戦争です。一つの国の内戦が収まると、すぐ隣で起きる。武器商人が暗躍し、戦争をあおっているんです。武器を売る国がなくならない限り、戦争はなくならない。

戦争は、とりわけ子どもや女性たちに、むごい犠牲を与えます。

学校に行きたい

――戦禍に言葉を失いながらも、必死に生きる彼らに胸を打たれると話します。

リベリア（2000年）では、多くの子どもたちが兵士にされていました。

16歳の少年は、村の自衛に駆り出された時、ゲリラに捕まり、なたで両腕を切り落とされて道路に捨てられました。少年は、「いい義手があったら、学校に行きたい。技術を身に付け、仕事をしたい」と訴えていました。

コンゴ民主共和国（04年）の19歳の女性は、武装した男たちに両親を目の前で殺されました。自分はレイプされ、両目をえぐられ、失明しました。彼女は「将来の夢は歌手です」と美しい声で歌い、にっこりと笑いました。

自殺を考える子なんて一人もいない。子どもたちは、どんな過酷な状況でも前向きに生きようとします。私たちおとなが絶望してはいけないんです。

黒柳さんはよく言います。「私が大使に任命された時は、この地球上で5歳を前に死ぬ子が年間1400万人いた。でも今は、予防接種の普及や各国の援助で、620万人に減った。確実に状況は良くなっている。でもまだ、620万人が死んでいるんです」と。

命ある限り、撮って伝えたいと思います。

13年、2度目に南スーダンへ行った時、みなさんの募金で建てられた、傷ついた子どもたちのための施設「トットちゃんセンター」を訪ねました。

28歳の青年が体験を話してくれました。

彼は11歳の時、反政府武装勢力に誘拐《ゆうかい》されましたが、脱走し、センターに逃げ込んだのです。彼の通報で16人の仲間が救出されました。彼は「センターがなければ、自分たちの人生も命もありませんでした」と語りました。

今では大学を出て、警備員となった彼の話に、黒柳さんは涙し、僕も30年間一緒にやってきて良かったなと心から思いました。

大変なことも多いですが、私自身の写真人生、これまでの道を選んでよかったと思います。

（2015年6月）

エッセイスト、元ＮＨＫアナウンサー

山川静夫さん

歌舞伎にのめり込んだ学生時代

――歌舞伎との縁の始まりは、学生時代です。

僕は静岡浅間《せんげん》神社の神主の息子として生まれました。

父は神主、母は学校の教師という堅い家だったのですが、祖父が芸能好きで柔らかい人でした。僕の胸ぐらをつかみ、「おのれこしゃくな、ヤセ浪人」と。僕は何のことかわからない。「チューシャはええ」というのが口癖でしたが、あんなに痛い「注射」がどうしていいのか不思議でした。それが、香川照之さんが継いだ市川中車の七代目だと知ったのは、ずっと後のことです。

上京して国学院大学に進んで出会ったのが、歌舞伎好きの二人の友人でした。僕にとっては恩人ですね。

誘われて、最初に歌舞伎座の立ち見席で見たのは、初代中村吉右衛門《きちえもん》と六代目中村歌右衛門《うたえもん》という二人の名優による芝居です。正直にいって、名優たちの演技や作品の内容が、このときすぐに理解できたわけではありません。でも、女形の歌右衛門の美しさには、「これが男か」とカルチャーショックを受けました。

舞台も豪華絢爛《けんらん》で、静岡の公会堂とかでやっている芝居とはケタが違う。それから歌舞伎にのめり込んでいきました。

問題は金がないことでした。貧乏学生にとって歌舞伎座は高根の花。地下鉄は高いので、都電に徹しました。

観劇料の安い3階席のてっぺんから「中村屋！」「成駒屋！」と大声をかけるようになったのは、大学2年の時です。この熱意が認められ、「大向《おおむこ》うの会」（掛け声をかける同好会）の会員にしてもらいました。会員になると、3階席に自由に出入りできるんです。

義理人情学んだ

〝大向うの人々〟には温かい人情がありました。芝居がはねると、この会の職人あがりのご隠居さんたちが、よく酒を飲ませてくれました。おでん屋のおばさんも、「学生さん、おなかが減るでしょう」と、茶わんにおでんの汁や茶飯をいっぱい詰めてくれました。

歌舞伎は義理人情を教えてくれる演劇で、庶民の娯楽です。節約してためたお金で肩を寄せ合いながら、3階席や天井桟敷の一幕見席で見物できたのは幸せでした。義理人情のなものでした。

修業を4年間続けたようなものです。ほとんど大学に行かないで、歌舞伎座が学校みたい

――下宿先の大家さんが、静岡の両親に手紙を出したのは、その頃です。

「お宅の息子さんは歌舞伎に凝っている」と。日曜日は友達が大勢来て、拍子木たたいて「知らざぁ、言って聞かせやしょう」などとやっているものだから、大変迷惑したのでしょう。〝歌舞伎の暴走族〟みたいなものでしたからね。

その下宿を出て、十七代目中村勘三郎に、騒いでもいい下宿を世話してもらいました。

――十七代目勘三郎との縁は、〝ものまね〟から始まります。

山川さんは、友人の勧めでラジオの素人ものまねコンクールに出場。勘三郎の声音をまね、「今週のナンバーワン」に選ばれました。

1等賞が2000円。ナンバーワンだけが決戦をやる全国大会では、3等になりました。その放送を勘三郎が聞いていました。すぐ歌舞伎座の楽屋に呼ばれて。それが最初の出会いです。

頼まれて勘三郎が早変わりするときの間を蚊帳《かや》や籠の中に隠れた僕が声色でつないだこともあります。「学校があるからやれません」と言ったら、「あんた、学校行ってないだろう」と説得されました。(笑)

歌舞伎には、江戸時代のあらゆる文化が詰まっています。江戸時代の庶民の情報源、〝週刊誌〟のような役割もありました。手の届かない武家のお屋敷の奥で何が行われているのか。お家騒動の内情を巧みに仕立て、庶民に披露しました。

近松門左衛門は、男女の心中事件を世話浄瑠璃につくりかえ、封建社会の理不尽を世に問いました。義理・人情のしがらみや人間の弱さを描くと同時に、巨悪を暴き、不正をただす反骨精神も忘れませんでした。

だからこそ歌舞伎は庶民の圧倒的な人気を得たのだと思います。

――「歌舞伎の芸は一朝一夕にはできない」と言います。

だから世界無形文化遺産なんです。先輩の芸を仰ぎみて精進することがなくなれば、歌舞伎は終わりです。

僕は「稽古照今《けいこしょうこん》」という言葉が好きなのですが、「稽古」というのは古いことをよく考える、という意味です。日本で一番古い『古事記』の序文には、「古《いにしえ》を稽《かんが》へて今に照らす」とあります。時間をかけて芸を磨き、今に照らすことが大事なのです。

歴史もそうですね。僕らは太平洋戦争で苦しみの中を生き抜いてきた。そういうことをよく考えて、もう戦争はしないと誓う。これも今に照らすということでしょう。

日本は戦争を放棄した以上、科学技術や伝統文化を基本とした文化国家をめざすほかないと思います。

アナウンサーの修業時代

——歌舞伎に明け暮れた学生時代。就職で頭に浮かんだのは、祖父が勧めたアナウンサーの道でした。

子どもの頃、チビだった僕は、校庭の松の木によじ登って、草野球の〝実況〟を得意としていました。

それがとても評判が良かった。祖父に言ったら、「アンナーサーになれ」と。アナウンサーのことですね。

その頃、放送はラジオからテレビへ静かに移行し始めていましたが、まだまだラジオが主流でした。NHKの第3次試験では、3枚の写真のうちの1枚を選び、その内容を実況させました。1枚目が当時の防衛庁長官が自衛隊を観閲しているもの、2枚目が砂川基地近くの小学校の上空を飛行機が飛んでいるもの。この2枚は学生の思想調査もかねていました。3枚目が優勝力士の鏡里《かがみさと》（第42代横綱）が優勝カップをもらうところでした。小躍りして鏡里の写真を選びました。友人から鏡里が出るかもわからないぞ、と言われて徹底的に調べていたのです。それがうまくいきました。

――3000人を超す応募者の中、受かったのは16人でした。

奇跡としか思えませんでした。郷里の静岡へ「ユメデハナイゴウカクシタ」と電報を打ったら母から手紙がきました。「決して心おごるじゃないよ。おまえは幸せ者です。それ以上にお父さんお母さんは幸せ者です」と。

母の手紙には、初めて父の涙を見たとありました。神主だった父は、僕の合格を祈ってくれていたそうです。

父が死んだ後、僕の育児日記を見つけました。母が僕を妊娠したときから父が書いていたものです。小さな字でびっしりと。父によれば、神様とは「子を思う親の心」なのだとか。

仏教では、「慈悲心」の「慈」は父の愛で苦を抜き去ってやる愛、「悲」は母の愛で楽を与える愛だそうです。父は曲がったことが嫌いで厳格な人でしたが、陰で僕の苦を抜き去ってくれていたのですね。母の手紙、父の育児日記は今も大事にしています。宝物です。

観客びっくり

——1956年、NHKのアナウンサーとして入局。目標は歌舞伎の舞台中継。新人時代はその無軌道ぶりから、当時はやった「太陽族」をもじり、「太陽」とあだ名をつけられました。

初任地の青森では、「のど自慢」の東北地区大会で、歌舞伎役者の声色で司会をしたことがあります。局長に「他局のアナウンサーがまねのできないことをやれ」と言われて、勇んだんですね。

公開ラジオ放送で仲間のアナウンサーも観客もびっくり仰天。その夜の反省会では真っ先に俎上《そじょう》に載せられました。でも山川のやったことは、前代未聞のことなので……とウヤムヤに。それ以来、青森に変なアナウンサーがいると、良くも悪くも注目されるようになりました。

——青森と仙台中央放送局を経て、大阪中央放送局へ転勤。ここで文楽をはじめとする上方芸能と出合います。

大阪時代は、エネルギーの大半を文楽に費やしたといってもいい。文楽の放送は、ほとんど僕に任されました。番組の放送は地味な教育テレビです。同期生が総合テレビの芸能番組で、華やかにブラウン管に登場していたのに比べると、仲間に大きく水をあけられていました。

でも僕は満足で、日曜日や休日になると、おにぎりを持って、京の寺々や大和路を歩きまわりました。文楽の師匠から芸談を聞き、独自に勉強しました。それが知らず知らずのうちに蓄積していました。修業時代は苦しいと言う人が多い中で、楽しみながら修業できたのは幸せでした。

「多難は強運なり」という言葉がありますが、「難」か「運」かはずっと後になってみないとわからない。僕の場合、幸運ずくめで、感謝の気持ちがいっぱいです。

◇◇◇◇◇◇◇◇◇◇

科学番組「ウルトラアイ」

――山川静夫さんはNHKに入局して12年後、東京に戻ってきました。「ひるのプレゼント」や「歌謡グランドショー」「思い出のメロディー」などの名司会で人気を集めます。中でも科学番組「ウルトラアイ」は、自ら実験台になる体験リポートで評判を呼びました。「ためしてガッテン」の前身です。

やってみなきゃ

「ウルトラアイ」の司会をしてくれないか、と言われた時は、とまどいました。僕は文科系の人間で理科系は全くダメでしたから。そんな時、京都大学の生物学の権威、岡田節《とき》人《んど》さんにこう言われました。

「日本では文科系とか理科系と言っているが、外国ではそんなことは言ってられない。どちらも人間です。だからやるべきです」

それを聞いて、やってみようと番組を引き受けました。番組をつくる過程では、わからないことは「わからない」と言い続けました。

どこの会社でも、提案会議では一部の優等生の案が採用され、大部分の人は〝うなずき専門〟になることが多いでしょう。たまに面白いことを提案しても「無理だ」と頭から反対され、いつも無難で平凡な結論に達する。

しかし、「ウルトラアイ」の場合は違いました。提案会議で出るのは珍案奇案ばかり。いつのまにか、三つの申し合わせができました。一、何を言っても笑わない。一、やってみなけりゃわからない。一、みんなでやればこわくない――。

一見つまらなく見えることでも絶対手を抜かず、生身の人間が体験することで何か一つ教訓を得る。それが僕らの流儀でした。

――さまざまな実験にとりくみましたが、極め付きは、蚊に刺される実験でした。酒を飲むと蚊に刺されるというが、本当だろうか。「じゃあ、やってみよう」ということになりました。

実験台は僕です。僕が酒を飲み、ディレクターがジュースを飲んで、どちらを蚊が好むかを試すわけです。蚊は東京大学の理学部から借りてきました。「どれくらい、要りますか」と聞かれたので「100匹ぐらい」と言ったら、「100匹じゃ、テレビの映像には映りませんよ」と言われ、1000匹借りることになりました。しかも借りたのは、蚊の中でもどう猛なトウゴウヤブカです。1週間餌をやらず、断食したのを連れてきました。

まあ、怖かったね。1000匹となると音のスケールが違う。ワーンと襲いかかった蚊は、ヒッチコック映画の「鳥」より恐ろしく思えました。約10分間、耐え、300匹近くの蚊に刺され、体はブクブクになりました。

何がわかったかというと、酒を飲むと人間の血液の温度が上がり、蚊にとってはお燗《かん》がついたように感じられる。それで、刺したくなるのだと。

そんなことを確かめるのに、何も僕が体を張る必要はなかった。でも、そのプロセスをそのまま画面で見せる番組は、人気が高かったですね。視聴率は一時30パーセントでした。

さすがに放送総局長からは、「山川をちょっと酷使しすぎる」と言われました。母にも心配されました。

「伝わる」説得力

――番組づくりで学んだのは、「伝える」と「伝わる」の違いでした。

僕が気をつけたのは、おばあさんにも小学生にもわかるようにすることです。とにかく伝わらなきゃダメだと。

例えば政党でいえば、日本共産党が良いことを伝えても、それが伝わらなきゃ何にもなりません。そのためには、あれこれやってみることも大事だし、相手にどうしたらわかってもらえるのか、話し合うことも大事です。

「これ、わからない」と言われたら「そんなの常識」と言わないで、きちんと答えてあげる。手を抜かないということ。実際にやってみるということ。それが説得力、「伝わる」ことだと思います。

「紅白」白組を9年

おふざけも真剣でした

――1974年に「紅白歌合戦」白組初司会以来、9年連続で白組司会を務めました。

まさか自分にお鉢が回ってくるとは想像もしませんでした。宮田輝さんが政界に転身したことで、ピンチヒッターみたいな感じで起用されたわけです。

宮田さんは〝蒸気機関車〟のような力強い存在でしたから、僕は電車でいこうと思いました。パンタグラフで、電気を取り入れながら走る。技術や映像、ディレクターと連結してチームワークで乗り切る〝山手線型〟です。

紅組の司会は佐良直美さん。紅組が森昌子、桜田淳子、山口百恵の「花の高一トリオ」なら、白組は野口五郎、郷ひろみ、西城秀樹の「新御三家」で対抗しました。

当時の「紅白」は、運動会のように選手宣誓までやりました。年の暮れに男と女が白組と紅組に分かれて、「男はダメだ」「女はダメだ」と真剣におふざけをする。僕も佐良さんとサンバを踊りました。昔は遊ぶときは徹底的に遊ぶ、しゃれっ気があったと思います。

佐良さんとは4年連続、あとは森光子さんと水前寺清子さんが1年ずつ、黒柳徹子さんと3年。82年の「紅白」が最後になりました。このときの視聴率が69・9パーセント。今では考えられないことでしょうが、70パーセントの大台を切った責任を取るかたちで降板させられました。

失語症こえて

――アナウンサーでは初めての専務理事待遇となり、94年にNHKを退局。定年後も、NHKBSの「山川静夫の華麗なる招待席」の司会を続けます。そんなとき、66歳で脳梗《こう》塞《そく》を発症します。

フリーになると、自由になったと思うでしょ。それで果てしなく飲む。野放図な生活がたたりました。

運良く家で倒れ、運ばれた病院にもいい先生がいて、最小限のダメージで食い止められました。でも言葉がしゃべれず、「失語症」と判定されました。名前は書けても口では言えない。アナウンサーにとってしゃべれないことは致命的です。人知れず涙しました。

でも救急車で病院に運ばれる時、大好きな歌舞伎の「三人吉三」のせりふは、しっかり覚えていました。リハビリをすれば治るかもしれない。自宅から研修時代の『アナウンス読本』を持ってきてもらいました。

「アエイウエオアオ、カケキクケコカコ」と、一音節一音節をゆっくり発音する訓練を毎朝毎晩繰り返しました。それをテープレコーダーに吹き込んで、怪しい発音を重点的に直しました。病院での週2回のリハビリでは足りない。「リハビリは24時間」のつもりで、病室のテレビでスポーツ中継があると、音声を消して即時描写のまねごとをしました。日記もつけました。

僕はしゃべりたかった。仕事にも復帰したかった。死んだ細胞は戻らないけれど、リハビリによって周りの細胞が活性化され、それが失った細胞を補ってくれるそうです。

その後、半年以内に心不全、腸閉塞にもなりました。病気を治すのは、医術と運と気力です。医術と運は人任せ。気力だけは自分次第です。「治りたい」という気持ちで努力したことが、いい結果につながりました。

――単線でなく複線の人生を勧めます。

僕でいえば、ＮＨＫアナウンサーとしての山川静夫のほかに、別の山川静夫で生きるということです。僕には幸い歌舞伎がありました。歌舞伎のおかげでいい友だちにも恵まれました。本当におかげさまでした。人生を豊かにするには〝貯人《ちょじん》〟が大事です。

僕は今、83歳です。どういう人間として死んでいくか、考える時があります。文楽の竹本住大夫さんは、「山川はん、やっぱり人生の最後の勝負は人間性でっせ」と言います。僕は「あの人はアナウンスがうまかったね」と言われるよりは「あの人はいい人だったね」と言われる方が尊い気がします。僕はそう言ってもらえないかもしれないけど、難しいかなあ。

（2016年4月）

脚本家

橋田壽賀子さん

終戦後食糧難で山形へ――20歳で出合ったおしんの原点

――戦争一色に染められた少女時代でした。

私には、青春を楽しんだ経験が無いんです。終戦が20歳の時。日本女子大の学生でしたが、戦中、戦後と、全然遊べませんでした。女学校の修学旅行が皇居の清掃だったような時代でした。空襲で誰かが死んでも、焼け野原の死体を見ても、明日にでも私も同じことになるのだから、と特別悲しくはなかった。アメリカ兵が上陸してきたら死ぬのだと思っていました。

戦争で、そんな気持ちになってしまうんです。怖いですね。〝洗脳〟されたような北朝鮮の軍隊が行進する映像を見ると、私たちもああだったのだと思います。

私は、人殺しや戦闘場面を書くのは本当にダメなんです。ドラマで戦争の悲惨さを書く責任はあると思うのですが、どうしても書けない。戦争を描くのは他人様にお願いして、私は逃げたい。戦争を体験していると、かえって書けません。

——終戦の「玉音放送」を聞いた後も、しばらくは、「竹やりで米兵を1人でも殺して死にたい」と思い込み……。

本当にそう思っていたんです。日本人は全員、負けたら死ぬのだと思っていました。源平合戦の平氏みたいに、負けたらみんな、海に沈むのだと。とにかく食べる物がなく、苦労しました。終戦を大阪の実家で迎え、その年の10月に日本女子大の授業が再開されるというので東京へ行きました。焼け野原で食べ物がない。どうしようもなく、山形へ疎開していた伯母のところへ行きました。山形に着き、おはぎをおなかいっぱい食べさせてもらい、やっと希望が持てました。ここにはこんなにお米がある！　日本はまだ滅びていないと。

——「おしん」の発想の原点も、この時に。

山形で過ごしたのは1カ月ほどでした。住まわせてもらった材木屋さんが話してくれました。「昔は舟でなく、いかだに乗せられ、子どもが奉公に行ったんだよ」と。当時はまだ作家になろうとは思っていませんでしたが、すごく印象に残る話でした。

松竹の脚本部

——数年後、山形県の最上川沿いを再訪。「おしん」の名場面の原型が出来ました。

最上川の上流から下流へと、なるべく歩きまわりました。私は当時、映画会社・松竹の脚本部に勤めていました。１０００人の応募者の中から選ばれた６人の１人で、女性は私だけでした。当時の映画界は完全な男社会。思うようにならない毎日でした。最初は「初の女性シナリオライター」と雑誌のグラビアで紹介されたりもしましたが、実際はお茶くみあつかいで脚本を書かせてくれませんでした。

そういう中での、山形の再訪でした。「最上川を、いかだに乗って子どもが奉公へ」。これはいつか、ドラマにできると感じました。

――仕事でも私生活でも、「二流でいい」が信条です。

私は二流、三流でたくさんです。そう思うと本当に楽ですよ。脚本も、いくらでも早く書けるし、疲れない。一流の方は、ひとつのセリフにこだわって、何時間もかけた、とか聞くことがありますが、私はそんなことはないです。一流だと、ここから落ちたら大変だという気持ちになるでしょう。私にはそれがないんです。

二流だから、見る方に分かってもらえるドラマを書こうと努力してきました。一流の方なら一言ですむようなセリフを、私は10行かけて伝えてきました（笑）。その中で、ちょっとでも分かってくれることがあればいい。

お店なんかも、気をつかうので一流のところは行きません。二流が一番楽です。

常に二流主義

――二流主義を意識したのは学生時代から。

競争したり、焼きもち焼いたりするのはやめようと思っていました。イライラすると、損でしょう。

女学校ではバレー部でした。試合に出場するのは12人。私は13番目の選手でいつも試合を無責任に見ていました。練習はちゃんとやりました。でも、試合に出て、もし球を受けられなかったらどうしよう、と気をつかうじゃないですか。レギュラーになりたいとは全然思わなかった。むしろ、自分は責任がなくて、いいなあと思っていました。

試合に出なくても、自分はバレー部の一員だというだけで満足していました。

――脚本家の仕事は、橋田さんの性格にぴったりでした。

小説だと、活字になっていつまでも残る。でもテレビなら、流れていっちゃう。これはすごい気が楽です。テレビなら、明日になったら忘れちゃうでしょう（笑）。いいメディアだと思いました。そのうえ、いろんな人が見てくれる。旅先で、「あのドラマおもしろかったよ」と言ってくれる。そういう世界で仕事をさせてもらえたのは幸せでした。

結婚しなきゃ書けなかった

――女性べっ視が横行する映画界で、10年間がまんしました。

先輩が「書けるようになるには10年かかる」と。それを信じたけれど、脚本を書く機会はきませんでした。それで、松竹を退職し、テレビの脚本や小説で生計を立てようと思ったんです。でも、テレビ局の意向を押し付けられることばかりで、収入も不安定で自信を失いました。

――近著『旅といっしょに生きてきた』（2015年、祥伝社）では結婚をめぐる裏話も率直に披露しました。

私は40歳まで独身でした。TBSのプロデューサーの岩崎嘉一《よしかず》と結婚したのは、彼が仕事に情熱をもちながら服装には無頓着だったからです。この人なら神経質ではないだろうと。それで「あの人が好きで脚本が書けない」と、プロデューサーの石井ふく子さんに言い、思いを伝えてもらいました。

後ろ盾できた

――最初に夫に言った言葉は「月給は全部ください」でした。

本当にお金がほしかった。彼の返事は、「俺はシナリオライターと結婚したわけではないから、俺の前では原稿用紙は広げないでくれ」でした。その約束は守りました。独身のころは、仕事を続けるためにプロデューサーの言うままでした。でも結婚したら、夫の月給があるので、いざとなったらケツをまくれる。「文句を言うなら降ります」と。「あいつにはバックがついている」と、扱いが変わった（笑）。それから急に作品が当たり出したんです。主人にはすごく感謝しています。

嫁姑の関係は実体験

――結婚により、「家族」が増えたことがドラマづくりの転機になりました。

お姑《しゅうとめ》さんとの関係とか、すごい勉強になりました。主人はマザコンで、「休みの日は、おふくろのそばへ行きたい」と実家の近くに家を建てた。そしたらお母さんが上がってくるんです。これは失敗したと思いました。料理も辛いとか薄いとか、いろいろ言う。こっちが「私たちは塩分控えめにしています」と言うと、「口答えするね」と言われちゃう。

発見がたくさんあって、おもしろかったです。

取材してるわけじゃありませんでしたが、後でその話を書いちゃった（笑）。夫婦が家を建てたらお母さんが来てしまったというドラマ「となりの芝生」（１９７６年）もそのひとつです。お嫁にいかなきゃ、絶対に書けませんでした。

「おしん」（８３〜８４年）のお姑さんを書くときも参考になりました。お姑さんにはお姑さんの価値観があり、間違っていない。でも、嫁にとっては頭にくる。「おしん」でそういう関係を書いたら、私のお姑さんは自分がおしんのつもりでいてくれた。おしんをいじめるお姑さんのモデルだとは思わず、「あのお姑さんはひどい。私のお姑さんも口のうるさい人だった」と（笑）。放映後、家族で問題になると思い心配していたのですが、まさかお義母さんが、おしんのつもりになるなんて。（笑）

夫に守られて

――社会現象となった「おしん」。おしんを助けて、とＮＨＫにお米や現金を送った人もいました。

テレビドラマって、すごいな。うっかりしたことは書けないなと思いました。だから私は人殺しと不倫は書かなかった。だけど、自分がテレビを見る時は、毎日のように、殺人

や不倫だらけのミステリーを見ています。（笑）

変なものは書けないというのは、亡き主人が後ろにいて、変なものを書くと怒られるのではないか、という恐怖があるからです。主人には、監視されていると同時に、守ってくれているな、という思いもあります。

自分の脚本、演技で変化

――『旅といっしょに生きてきた』では、若いころからいかに旅好きだったかを記しています。

旅は一番の癒やしです。旅のために一生懸命仕事をしてきたようなものです。（笑）

孤独ペンギン

一番の思い出は、２００４年に行った南極です。今年の暮れは、また南極へ行く予定です。南極の魅力は氷です。氷山もすてきで、他には絶対ない風景。変化に富んでいます。

ペンギンもかわいかった。つくだ煮にできるくらい（笑）、たくさんのペンギンがいました。その中に、一羽だけ群れから離れ、孤独に歩いているペンギンがいて、何だか私みたいだと思えました。

大阪の実家から勘当同然で、東京の大学へ進み、25歳の時に母を、30歳の時に父を亡くしました。41歳で結婚するまで、ひとりで生きてきた。夫が亡くなり、またひとりです。そんな自分と、孤独なペンギンが重なって見えました。

——近年は身辺を片付ける「終活」に熱中。

みっともなくないように、いろんなものを整理しています。お墓も建て直しました。

去年の秋から仕事をしていません。締め切りに追われていた人生でしたから、締め切りのない人生がいかに幸せかを味わっています。

ひとりの時間は、テレビ漬けです。午後はいろいろな再放送を見ています。昔は忙しくて見ていなかった番組を、楽しんでいます。昔のドラマはしっかりしているなあと思う。目や肩が痛くなるくらいテレビを見ています。

昔の映画もテレビで見ることができて、おもしろい。忙しかった人生の、抜けているところを今、埋めています。見ていると、古いドラマも映画もなかなかおもしろいので、また書く意欲がわいてくるかもしれません。

いまは、あれも見たい、これを片付けたいと、毎日忙しいです。

「戦争と平和」

――印象に残る俳優は沢村貞子さんです。

沢村さんは「となりの芝生」に出てくれました。私が想像していたお姑《しゅうとめ》さん役よりもはるかにインテリで、びっくりしました。もっと低次元のお姑さんのつもりで書いたんですけれど（笑）。思ってもみなかったくらい上品で、この人の言っていることは納得できる、という感じ。すごい俳優さんだと思いました。

杉村春子さんは、他の女優さんがセリフの語尾の「ね」を飛ばした時に、「作家はちゃんと意味をもたせて書いているんだから、ちゃんとおっしゃい」と注意してくれました。胸がスッとしました。

――長いキャリアを振り返り……。

仕事で後悔はないですね。書きたいものは全部書いてきました。

俳優さんの演技によっては、自分の作品ではないような、思いがけないものが立ち上がってくることがあります。それを見るのが楽しみで、自分の脚本にはこだわりませんでした。俳優さんによって、自分の脚本が変化していくことにすごい新鮮さを感じました。これは小説にはないことです。

自分の脚本がドラマになったのを見て、がっかりしたことは一度もありません。

――「戦争と平和」が一貫したテーマだったと言います。

青春時代が戦争だった私にとって、「戦争と平和」はずっと書きたいものでした。戦闘場面は描きませんが、「戦争と平和」は私が書いてきたドラマの底に流れるテーマだと思います。

「おしん」だけでなく、「春日局」や「おんな太閤記」でも、合戦が終わり早く平和がくることを祈る、そんな思いを込めて書きました。戦争になったらすべてが壊れてしまう。本当に、平和っていいなと思います。


（2015年9月）

ノーベル賞物理学者

益川敏英さん

「二足のわらじ」を継いで――学問と平和ともに大事

研究室の外でも大忙し

――8年前（2008年）にノーベル賞を受賞して、時の人となった益川さん。これまでと、さまざまなことが変わりました。

一番変わったのは何だと思います？　新幹線のホームの歩き方ですよ。テレビで顔を知られたでしょう。歩いていると突然、「握手して」と手を出してくる人がいる。ビックリして飛びのいたこともありますよ。ホームの端っこを歩いていたら、落ちちゃう。受賞後は必ず、ホームの中央を歩くようにしています。

とにかく忙しくなりました。例えば講演ですが、それまでは専門家向けが年数回ぐらい。それが昨年は90回ですよ。計算すると1週間に1・8回。講演の予定が決まるとほかの人が聞きつける。以前、弘前大学に行ったんですが、「そこまで来たら、うちにもぜひ」と二つの高校から頼まれました。そうやってどんどん講演が増えちゃうんですよ。

益川敏英さん

大空襲の記憶

――益川さんはストックホルムのノーベル賞受賞講演で戦争体験を話しました。

その時、変なことがあったんです。事前に講演原稿を数人の友人に見てもらったんですが、どういうわけかコピーが出回ってしまって、「戦争の話をするのは不謹慎だ」という声が聞こえてきました。学術的な場で戦争の話はすべきでないと言いたいのでしょう。でも私は内容を一切変えませんでした。

受賞講演で戦争について話した人は僕だけじゃないんですよ。1903年に物理学賞を受賞したキュリー夫妻の、夫のピエールもその一人。ピエールは受賞講演で、ラジウムやダイナマイトなどの優れた発見が「諸国民を戦争に引きずり込む大犯罪人の手にかかれば、恐るべき破壊の道具となります」と警告しました。

――5歳の時に名古屋で終戦を迎えた益川さん。戦争をかろうじて記憶している最後の世代です。

記憶に残っているのは45年3月12日の名古屋大空襲のことです。その時の二つの場面を、スチール写真を見るように鮮明に覚えています。

一つは、ガラガラと大きな音がしたと思ったら、自宅2階の屋根を突き破って、焼夷《しょうい》弾が土間に落ちてきたこと。たまたま不発弾だったから助かりました。

もう一つは、両親が家財道具を積んだリヤカーをひきながら、火の海を必死の形相で逃げている姿。リヤカーの上にぼくはちょこんと座っています。

子どもだったからその時は怖くもなんともなかった。でも中学・高校に入り、新聞や本で戦争を知ると、「焼夷弾が爆発したら、自分は死んだか、大やけどしただろうな」と思い、恐ろしくなりました。

恩師の信念を

――戦争体験は科学の道にはいってからも益川さんの生き方の根底にあります。若い人に「科学者は研究室にこもっているだけではだめだ」と語ります。

ぼくの恩師は名古屋大学の坂《さか》田《た》昌一《しょういち》先生（注）です。先生の持論が「科学者である前に人間たれ」でした。

坂田先生は「物理の研究と平和運動は二つとも同じ価値がある」という信念をお持ちでした。研究室には「二足のわらじがはけないようじゃ一人前じゃねえ」という雰囲気がありました。ぼくも末席の一人でその影響を受け、平和運動や労働組合活動をずっとやってきました。

大学院生だった64年、原子力潜水艦の佐世保寄港が大問題になりました。その時は、原潜の構造をにわか勉強して、地域のお母さん方の集まりを講演して回りました。

その時、原子力についてレクチャーしてくれたのが、原子核物理が専門の京都大学の故・永田忍先生でした。先生は名古屋大学に出向していたんです。

永田先生には、ぼくが70年に京都大学の助手になった時にもお世話になりました。隣の研究室が永田先生の部屋だったんです。

当時、関西電力が京都の久美浜町（現・京丹後市）に原発をつくろうとして、町は賛成派と反対派で真っ二つになっていました。

永田先生は、赴任したばかりのぼくに、「反対派から講演依頼がきているから、行ってよ」と言うんです。

行ってみると、テレビや新聞の記者、大勢の警官もいて、大変な騒ぎ。もみくちゃにされ、疲れました。

家に帰ったら女房が「ちっちゃいけれど、テレビに映っていましたよ」と言うので、「『ちっちゃい』だけ余計だ」と言い返し、二人して大笑いしました。

久美浜にはその後も3回、行きました。一度は、いろいろな専門家20人ぐらいの調査団をつくって行った。結局、関電は久美浜の原発建設をあきらめました。坂田先生の教えに従い、若いころから「二足のわらじ」を実践してきたつもりです。

——昨年、安倍政権が戦争法案を強行しようとした際には、「安全保障関連法案に反対する学者の会」の発起人となりました。

東京の反対デモでは、志位さん（和夫・日本共産党委員長）と腕を組んで歩きました。写真で見るより、実際はすごく背の高い人で驚きましたよ。（笑）

（注）坂田昌一（1911―70年）物理学者、元名古屋大学教授。湯川秀樹、朝永振一郎とともに日本の素粒子研究をリードした。

勉強嫌いの小学校時代――〝勘違い〟で理科好きに

——子どものときは近所でも有名なわんぱく。1946年に小学校に入学しました。

小学校では全然勉強しない子でした。

先生の話も全然聞いてない。新学年になって教科書とノートを新しくするときに、母親が前の学年のノートを見たら、何も書いてなかった。怒られましたよ。

母親があるとき、先生に「うちの子は全然勉強しないので、たまには宿題を出してください」と頼んだことがあります。

先生が「宿題は毎日出していますよ。やってこないのは益川君だけです」と答えたから、さあ大変。その夜は正座させられて、こってり2時間しぼられました。それでも、一晩寝ておきるとケロッとして、勉強しませんでした。

話は聞かない。宿題はしない。怒られても反省しない。先生にとってこれほど扱いにくい子どもはいなかったでしょう。

でも、ぼくはいい先生に恵まれました。

3年生の担任だった稲垣という男の先生は、どんな子も分け隔てせず、いいところを伸ばそうとしてくれました。図画の授業で先生の肖像画を描いた時の話です。先生がはめていた腕時計の長針と短針まで描き込んだら、「観察眼が鋭い」とほめてくれました。小学校で初めてほめられました。すごくうれしかったのを覚えています。

父の〝自慢話〟

――そんな益川さんに科学に対する興味を最初に持たせてくれたのは父親でした。

ぼくの父親は戦前、洋家具工場を営む職人でした。工場や機械が軍に徴用され、戦後は砂糖の問屋をしていました。

父は若い時、電気技師になりたくて、早稲田大学の通信教育を受けたりしました。でも三角関数でつまずいて、結局断念しました。

その後も父は、科学や技術に強い興味があって、いろいろな知識を持っていました。その知識を自慢したかったんでしょう。銭湯の行き帰りの夜道で、小学生のぼくに「日食や月食はなぜ毎月起こらないか、わかるか」なんて聞いてくるのです。「わからない」というと、うれしそうに「月の軌道面と地球の軌道面が5度ずれているからだ」と説明してくれました。

「モーターはなぜ回るのか」「電車のドアは一度閉まると絶対に開かないのはなぜか」……子どもには難しい話も結構ありました。

おかげで、普通の小学生は知らないような科学的知識を得ることができました。普段の授業は予習してきた子にかないません。でも先生が「こんなこと、知ってますか」と脱線すると、父に仕込まれた知識が役立ったんです。

そのうち、自分は理系が得意だと勘違いするようになりました。新しい教科書がくると、理科と算数はのぞいてみる。そうやって、勘違いが雪だるま式に膨らんでいく。やっぱり教育はしかるより、ほめて伸ばすことが大切です。

――科学をもっと勉強したいと、高3の最後に猛勉強して、みごと名古屋大学に合格。大学ではヘーゲル哲学やマルクス・エンゲルスなどの社会科学に出合いました。

当時は、ヘーゲルやマルクスくらい知らないと、ばかにされたものです。自分は理系だからと言っても通用しない。

ヘーゲルは『大論理学』『精神現象学』『法哲学』などを読みましたよ。難しくて、2ページ読むのに2週間ぐらいかかりました。

マルクスやエンゲルスもだいたい読みました。マルクスはきちんと読めば分かるから難しくない。

『資本論』も読みました。「価値」の形成から始まって、「剰余価値」にいたり、搾取の仕組みを明らかにする……。

文系なんて過去の記憶と知識だけだと思っていたら、ちゃんと法則がある。これはすごいと思いました。

素粒子研究の巨人たちと

――大学2年のときに60年安保闘争がありました。益川さんの通った名古屋大学でも大きな運動が起こりました。

名古屋の安保反対の統一行動には毎回、参加しました。午前中、市内の団地で署名を集め、夕方、集会にいきました。

ぼくは署名集めが下手で、出てきた奥さんに「間に合ってます」なんて言われて終わっちゃう。上手な人は世間話しながら、スムーズに署名をしてもらっていました。

毎日、デモばかりでしたが、結構勉強もしたんです。署名集めと集会の間に、5時間くらい時間がある。その間に、本を読んだり、友達と議論したり。科学、哲学から、政治の問題まで……。集会が終わった後、そのまま友達と喫茶店に入って深夜まで議論することもしょっちゅうでした。

――大学院に進学し、そこで生涯の師と仰ぐ、素粒子研究の巨人・坂田昌一さんと出会います。

坂田先生は研究者として優秀なだけでなく、研究室の民主的運営と、若手の育成に腐心していました。素粒子研究室を、英語の素粒子（エレメンタリーパーティクルズ）の頭文字をとって、「E研《いーけん》」と呼んで、「議論は自由に、研究室では平等だ」を実践していました。

ぬかるみの靴

忘れられない体験があります。

ぼくがドクター（博士課程）1年生のとき、会議の報告のために先生の部屋に行きました。話が終わって、部屋を出てから、忘れ物を思い出し、あわてて戻って、ドアを開けたら、先生がモップで床を掃除しているんです。ハッとして、自分の靴を見たら泥だらけ。名大構内は舗装がすすんでなく、ぬかるみを歩いた靴のまま先生の部屋に入ったんですよ。

先生は「そんな靴で入ってくるやつがあるか！」と怒鳴るようなことはしなかった。大変恐縮しました。

自称「いちゃもんの益川」

E研では、みんなあだ名がありました。坂田先生は「へ理屈の坂田」。ぼくは、人に変な名前をつけられるのがいやだから、自分で「いちゃもんの益川」とつけた。いつでも、どんな相手でも議論を吹っかけていたからです。

先生が東京のお土産をもってきて、「老舗の羊羹《ようかん》だからおいしいよ」とみんなにすすめたときのことです。ぼくは「有名だからおいしいというのは、権威主義じゃないですか」と突っ込みを入れたんです。先生は「一本とられた」という顔をして、笑っていました。

──後に一緒にノーベル賞を受賞する小林誠さんとは、名大大学院で知り合いました。

彼は秀才です。大学院に入ったときから、上級の院生のゼミにもぐりこんでいました。そのゼミを、名大の助手だったぼくが指導していたんです。結構高度な内容を議論していても、彼は平気でついてきていました。

──「いちゃもんの益川」の名の通り、日本人初のノーベル賞受賞者である湯川秀樹さんにも議論を吹っかけようとしました。

ぼくが名大から、京都大学理学部の助手に移ったとき、湯川先生はもう退官していましたが、月に1回、湯川先生を囲む「混沌会」というセミナーを若手中心にやっていました。助手になって2年目、会の世話役として湯川先生と2人で打ち合わせをしていました。そのとき、先生の研究方法への疑問をぶつけたんです。

湯川先生の雷は有名で、一度落ちたら大変だ、とみんな恐れていました。ぼくは丁寧に言葉を選んで話をし、最後に「先生のやり方は間違っているんじゃないですか」と言おうとした。その直前に、向こうから「湯川先生、会議です」って。そのまま先生は会議に行っちゃった。おかげで、雷は落ちず、ぼくの首はつながりました。(笑)

益川・小林理論にお墨付き

――益川さんが京大助手になった2年後の1972年、名大大学院を出た小林誠さんも京大助手に赴任します。自然に「一緒に研究しよう」となりました。

そのときの共同研究がノーベル賞の対象になりました。でも当時、ぼくは京大職員組合の理学部支部の書記長をしていて、めちゃくちゃ忙しかったんです。

午前中に小林君と議論すると、午後は組合の仕事でキャンパスじゅうを走り回っていました。組合の集会があっても、教員はまじめに出てこない。だからちゃんと出て来いと研究室を回らないといけないんです。

雇い止め抗議

そのころ一番の問題は、非常勤職員の「雇い止め」でした。研究費の支給が減ると、教授たちは真っ先に研究室の非常勤の秘書の首を切っていたんです。

若い研究者のサポートもしてくれる彼女たちが、そんな目にあうのをぼくは許せませんでした。何度も契約更新した場合、簡単に解雇できないという裁判の判例もありました。ぼくは六法を持って教授の部屋に行き、机をバーンとたたいて、「勝手な解雇は許されない！」と怒鳴りつけたこともあります。

立て看板を書き、夕方は書記局の会議に出る。大学を離れるのは午後7時すぎです。家に帰って妻と一日のことを話し、9時から夜中の1時ごろまで勉強して、翌日また小林君と議論する。2人目の子どもが生まれたばかりでしたし、生涯で最も慌ただしかったですね。

——組合の集会で、内職しながら論文を書いた益川さん。「これでノーベル賞をとれるかも」と言っていたと……。

それはうそうそ。そのとき、ノーベル賞なんて全然考えていませんよ（笑）。でも集会で論文のための数式を計算していたのは事実。だから半分は正しい。

ぼくは内職が大変うまいんです。片耳は集会の発言を聞いていて、質問しなきゃいけないときは、ちゃんと質問していました。

うれしすぎて飲みすぎた

――当時発見されていたクォーク（素粒子の最小単位）は三つ。益川・小林両氏の共同論文は六つあると予想しました。しかし、最初は誰も相手にしませんでした。

素粒子研究も実証科学ですから、実験で確認されない限り、あくまで仮説の一つです。益川・小林理論が実験的にも有望だとお墨付きが出たのが、78年の素粒子研究の国際会議です。世界中で回り持ちで開かれており、その年は東京で開かれました。

最終日のサマリートーク（総括講演）をしたのが、のちにノーベル賞を共同受賞したシカゴ大学の南部陽一郎先生でした。ぼくにとっては憧れの大先生。大学院の時に一番勉強したのが南部先生の論文でした。その南部先生が、もっとも有望なのはぼくたちの理論だと話をしました。

ぼくはうれしさで体が震えました。仲間もお祝いしてくれました。新宿のデパートの屋上のビアガーデンに行って、2リットル入りの銅のジョッキでビールを飲まされたんです。当時、ぼくは東大助教授で、東久留米に住んでいたんだけど、どうやって家まで帰ったか覚えてません。あれほど飲んだのは、後にも先にもあのときだけです。

そのとき、クォークは五つまで見つかっていました。最後のトップクォークが94年に発見され、われわれの予想が実証されました。

首相許せない

——科学研究とともに平和の問題も大切に考えてきた益川さん。「九条科学者の会」の発起人です。

安倍首相は、立憲主義の国の首相とは思えません。憲法違反の戦争法を強行しただけでなく、今度は9条の明文改憲までしようとしている。

2005年に「九条科学者の会」が発足するときのメッセージに「平和の日本か戦争の日本か最后の攻防の瀬戸ぎわまで来ています。我々がこの戦いには勝たねばなりません」と書きました。今がそのときです。憲法9条を守ろうとする皆さんの最後にくっついて、がんばります。

（2016年1月）

児童文学者

那須正幹さん

『ズッコケ』は平和の申し子

おとなからはボロクソ、でも子どもに喜ばれた

――『ズッコケ三人組』（前川かずお絵、ポプラ社）は、シリーズ累計発行部数が2500万部を超す国民的児童文学。小学6年の、やんちゃなハチベエ、しっかり者のハカセ、おっとりしたモーちゃんを軸に、なぞ解きやユーモアを盛り込んだ物語です。

第1作が出る前、原稿を読んだ出版元の社長さんが、『こんな下品なものをだしたら……』と、ため息をついたと聞いたことがあります（笑）。そのせいか、編集者が『うちで出します』と言ってから出版まで2年かかった。当時は教訓的でリアリズムの作品が主流で、キャラクターで読ませる児童文学はほとんどなかったですから、やはり抵抗があったのでしょう。

純粋なエンターテインメントの児童文学は、このシリーズが最初だと思います。おとなが子どもにすすめたのでなく、子どもどうしの口コミで売れだしました。最初のころは

「読者に迎合している」とか、評価はボロクソでした。でも、そのうち〝『ズッコケ……』を読まなければ子どもじゃない〟と言われだした。出版が10年早かったみたいです。（笑）

ずっと6年生

――子どもの成長を描く物語が当たり前とされていた時代に、あえて成長を描きませんでした。

子どものころは本が嫌いで、外で遊んでばかりいました。だから、当時の児童文学をみても、自分が子どもだったら読まないだろうな、と思うようなものが多かった。そんな僕でも、こういうものが子どものころあったならわくわくして読むだろう、そう思えるものを書いてきました。人間だから変化はするけれど、すべての人間がどんどん成長していくとは限らない。別に成長せんでもええと（笑）。それで、３人はずっと6年生という設定で書きました。

２００４年に50巻目の『ズッコケ三人組の卒業式』でいったん完結しました。でも、ファンからの要望が強く、40歳になった「中年三人組」を10年前から毎年書き始めました。こちらは一つずつ年をとり、50歳になった今回で本当に完結にしました。いまは、やれやれという気持ちです。

――3歳のとき故郷の広島で被爆。戦争を題材にした作品も多く書いているなか、『ズッコケ……』では意識的に戦争を避けてきました。

3人が元気に遊び、駆けまわれたのは日本が民主主義の国で平和だったから。もしも日本が戦前のような状況だったら、ハチベエみたいないたずらっ子は教師に殴られるし、ハカセは特高警察ににらまれる。モーちゃんは軍事教練でしごかれてしまうでしょう。3人は、平和と民主主義の申し子なんです。

――完結編では、14年8月に広島県を襲った集中豪雨による土砂災害を下敷きにした場面もあります。

ずっと故郷の広島をモデルに書いてきましたから。また、父は戦争中、女学校で教師をしていて、被爆直後は、何日も教え子を捜しまわりました。これらが重なりあって、中学教師になったハカセが被災地で行方不明の教え子を捜しまわるという話になりました。

心をむしばむ

東日本大震災直後の11年6月、福島県の被災地を訪れた経験も重なっています。小学校で講演したときに聞いた言葉が忘れられません。

僕は被爆者として、「広島は被爆の悲しみを乗り越え、100万都市になった。福島のみなさんも希望をもってください」とエールを送りました。講演を聞いた小学6年の女の子が「私たちは30歳で死ぬだろうと思っていたけれど、被爆した那須先生が70歳近くでも元気だから安心した」と言ったんです。

小学生の子どもが、はっきりと死を考えていたことに驚きました。放射能は、心までむしばむ。それまで僕は原発についてあまり関心がなかったけれど、心を改めました。この年になって、大きな心境の変化が起こるということも驚きでした。

——中国電力がすすめる山口県上関《かみのせき》町への原発建設に反対する「上関原発を建てさせない山口県民連絡会」の共同代表にも名を連ねます。

日本に原発ができた経緯や、増え続けるプルトニウムのことを考えると、改めて原発は核兵器開発とつながっていると思います。だから、僕にとって反原発と反核はひとつの運動なのです。

——16年の参院選では、戦争法に反対する野党統一候補の擁立に期待しています。

僕の住む山口県はアベちゃん（安倍晋三首相）のおひざ元。そこでの選挙は、やりがいがあります。戦争法廃止で野党の統一候補がまとまりそうなので、ようやく明かりが見えてきた感じです。

◇◇◇◇◇◇◇◇◇

広島で被爆、生き抜いた人たち

——1942年、広島市で生まれた那須正幹さん。最初の記憶は戦争でした。

防空演習で、おふくろが、けが人の役になって担架で運ばれそうになるのを見て、パニックになりました。泣いてすがりついたのでけが人役を交代してもらって、おふくろが、やれやれといった顔をしたのを覚えています。

もう一つは、姉が集団疎開に行く前日に学校で壮行会があり豚汁を食べたこと。この二つが原爆以前の僕の最初の記憶です。時期ははっきりしませんが、45年の4月ごろだろうと思います。

泥人形のよう

——自宅は広島の爆心地から3キロの距離でした。

被爆した時は3歳と2カ月でした。小さかったから恐怖感はまったくなく、避難するため家の前の国道を通る人たちを、あっけにとられて見ていました。髪の毛がチリチリで全身が灰色の泥人形のようになった人のことなどを覚えています。

避難する人たちのなかに、荷車にミカンの缶詰をたくさん積んで運んでいる人がいて、うちの家族が水をあげたらお礼にその缶詰をくれました。甘いものが無い時代だったからうれしくて、熱いミカンをフーフーして食べたことを強烈に覚えています。

いま思えば、爆心に近いところにあった缶詰なので熱くなっていたのでしょう。あの男はきっと火事場泥棒です。あとから考えて、確かにひどい話なんですが、あんな異常な時でも生き抜こうとする人間ってすごいなあ、たくましいもんだとも思いました。

虫に目がない

――少年時代は虫に夢中でした。

クラスの半分は被爆していました。小学校に入った後は外遊びが好きで、あまり被爆のことは意識しませんでした。年上の子に誘われ昆虫採集を始め、中学、高校になってもずっと昆虫でした。標本は500種くらい集めました。

虫に少しでも関係のあることを、と島根農科大学（現・島根大学）林学科に入りました。でも、学問としての虫はあまりおもしろさを感じなくて、虫の学者になろうとは思いませんでした。
昆虫採集に山へ行くうち、山登りが楽しくなってきた。山岳部に入り、山ばかり登っていました。夜は仲間と酒を飲んでばかりいる、いいかげんな学生生活でした（笑）。中国山地の山を中心に、年に100日は山にいた。卒業後は営林署にでも勤めようかと思っていました。

――ところが、大学卒業後の仕事は車のセールスマンでした。

求人のあった商事会社の面接を受けたら、人事担当者がワンダーフォーゲル部出身だった。面接では山の話ばかりして、ダメだと思っていたのに採用されました。（笑）

仕事は東京の下町の担当区域を戸別訪問して車を売るんです。ノルマといっても月に1台売れば十分という程度で楽なものでした。

東京の下町には、地方から出て来て苦労した人が多かった。そのせいか、広島弁丸出しの僕をかわいがってくれるお客さんもいました。社長さんが、うちの会社に来いとか（笑）。1台目の車を買ってくれた人とは、いまもお付き合いがあります。

僕にとっては半分遊んでいるような、のんきな仕事でしたが、一生続けるというイメージはわかなかった。2年たち、こっちの意思も聞かずに配置転換を命じられたのを機に退職し、広島の実家に帰りました。まあ、なんとかなるだろうという感じでした。（笑）

――実家では、元教師の父の書道塾を手伝いました。68年、児童文学を書いていた姉（竹田まゆみさん）に誘われ、広島児童文学研究会に参加します。

おやじもいい年で、いつまでも塾を続けられないからちょうどいいな、と。

僕は子どものころから、ほとんど小説は読まなかった。マンガや映画、ラジオドラマは好きだったけど。家にいると手伝いさせられるので、学校から帰るとカバンを置いてすぐ外に飛び出していました。だから、研究会に参加するまで「児童文学」という言葉さえ知りませんでした。参加して、とにかく一つ書いてみろと言われ、書いたんですが……。

◇◇◇◇◇◇◇◇◇◇

誰もやっていないものを

――小説を、ほとんど読まずに育ちました。

1994年、路傍の石文学賞をもらう時は、あの有名な児童文学の『路傍の石』（山本有三）を読んだことがなかったので、慌てて読んだくらい。（笑）

古いと言われ

――広島児童文学研究会で最初に書いた物語は、「ヒバリになったモグラ」です。

モグラがヒバリにあこがれ、神様にお願いして翼をつけてもらい空を飛べるようになるという話でした。そうしたら、「この会は新しい児童文学をめざしているんですよ」と言われました。要するに、あなたのお話は古いと。それで、主宰者だったデビュー前の山口勇子さん（児童文学者）から『龍の子太郎』（松谷みよ子）や『星の牧場』（庄野英二）を借りて読んでみました。それでやっと、求められているのはおとぎ話やお姫様の話じゃないと分かりました。（笑）

――自分が子どもだったら、どんなものが読みたいか。教訓的な物語とは違った視点で書いてきました。

わりと最初から、エンターテインメントをめざしていましたね。同人誌に発表したデビュー作「首なし地ぞうの宝」（70年）も宝探しの話です。児童文学では珍しいテーマだと、学研児童文学賞の佳作になりました。

30歳までに本が出せなければやめようと思っていたんですが、72年、ちょうど30歳で本が出せました。

出版社の手違いで、僕のところには本が届くのが遅れ、僕が見るより先に店頭に並んだんです。それを知らず、たまたま広島の本屋に行った時、よく似た本があるもんだなあと通り過ぎましたが、待てよ、と戻ってみたら僕の本だった。レジに持っていく時は、照れくさいけれどうれしかった。これでもう、死んでもいいと思いました（笑）。でも、すぐにやっぱりもう1冊書いてからと。（笑）

新風吹き込む

――『ズッコケ』シリーズをはじめ、児童文学に新風を吹き込んできました。『屋根裏の遠い旅』（75年、難波淳郎え、偕成社）では、太平洋戦争でアメリカに勝利した日本に小学生が迷い込むSF的な物語。『ジ　エンド　オブ　ザ　ワールド』（2003年、ポプラ社）では、核戦争後、ひとりだけ生き残った子どもを描きました。

戦争児童文学なんだけど、おもしろいものを書いてやろうと思いました。くり返しになりますが、自分が子どもだったら、わくわくドキドキして読むだろう、そういうものを目指して書いてきました。そのスタイルを変え、まじめなものを書いたのは『ぼくらは海へ』（1980年、偕成社）が初めてです。まじめというかシリアスな話ですね。

――『ぼくらは海へ』は、船を造り海をめざす子どもたちの物語。主人公の死を暗示する結末を用意し、衝撃を与えました。

最初は評判が悪くて、暗いと言われたなあ。でも、そのうち評価されるようになりました。『ズッコケ三人組』にしてもそうだけど、どうも僕はやることが10年早かったみたい。誰もやっていないものをやろうという、穴場狙いなところがありますね。（笑）

戦闘に加わった子どもを描く

――『ズッコケ』シリーズが完結しても、創作活動を終えるわけではありません。

5月には、『少年たちの戦場』（２０１６年、新日本出版社）という本を出します。実際に戦争に参加した子どもたちの話です。戊辰《ぼしん》戦争や、「満州」（中国東北部）での戦争、沖縄戦で戦闘に加わった子どもたちをオムニバスで描きました。取材で沖縄や福島県の二本松市にも行きました。

いままで日本の児童文学では、戦争というと空襲で逃げたとか疎開でひもじい思いをしたとか、被害者としての話がほとんどでした。でも、戦闘に加わった少年兵は実際にいるわけで、それはいまの中東の状況などにもつながることです。被害者の視点だけではなく、戦争が現実になるかもしれない日本の子どもにとっての戦争を描きました。

（２０１６年３月）

あとがき

『人生の流儀』は、赤旗日曜版のシリーズ「この人に聞きたい」を新日本出版社が編集し、出版したものです。

「この人に聞きたい」が始まったのは2013年4月21日号。さまざまな分野で活躍する人に、仕事と人生をたっぷり語ってもらうロングインタビューとして、松宮敏樹前編集長時代にスタートしました。

1人当たり3、4回の連載を基本に、2016年9月末までに34人が登場しました。現在も続いている好評シリーズです。新日本出版社が本書に収録した14人を見ても、俳優、映画監督、脚本家、作家、エッセイスト、怪談家、写真家、科学者、コメディアンなど多士済々です。

その道で活躍されている方々の話をあらためて聞くと、テレビや著作などを通して私たちが知っているのは、その方の人生のごく一部に過ぎないことに気づかされます。水面の上に見えている氷山が、全体のごく一部にすぎないように、活躍のかげには、必ずといっていいほど失敗や苦労、それを乗り越える努力が隠れています。担当記者が心がけてきたのは、そうした隠れたドラマを聞き出すことでした。

もう一つ心がけていることは、戦争や平和への思いを語っていただくことです。話を聞いた多くの方は戦争体験者で、その方たちにとって、戦争体験はその後の生き方に大きな影響を与えています。その方の人生を知る上で、戦争とのかかわりは、どうしても聞かなくてはならないことでした。また、戦争体験を読者に伝えることは、戦争を知る世代が少なくなる中、私たちの役割だと思っています。

このロングインタビューがはじまったのは、憲法改定の野望を実行に移そうとしている第2次安倍政権誕生の4カ月後でした。それだけに、戦争や平和への思いを聞くことは、重要な意味があったと思っています。

取材・原稿作成は板倉三枝、大塚武治、金子徹、北村隆志、西條正人、那須絹江の各記者が担当しました。「今年」「この春」などの表記は掲載当時のままです（掲載時期は各インタビュー末に示しました）。

本書が一人でも多くの方に、明日の力がわいてくる「人生の応援歌」となることを願っています。

２０１６年10月３日

しんぶん赤旗日曜版編集長　山本豊彦

本書は、２０１３年9月~２０１６年5月まで『しんぶん赤旗日曜版』「この人に聞きたい」に掲載された記事の一部を、加筆修正してまとめたものです。

写真提供は石塚康之さん（11、81ページ）、野間あきら記者（27、65、93、１１１、１４７、１６３、１９１ページ）、峯松進さん（39ページ）、後藤淳さん（51ページ）、佐藤光信記者（１２３ページ）、松本博さん（１７５ページ）です。

著者紹介（掲載順）

萩本欽一（はぎもと・きんいち）
1941年東京都生まれ。コメディアン。コント55号で人気を博す。「欽ドン」「欽どこ」などヒット番組を手がける。

加古里子（かこ・さとし）
1926年福井県生まれ。絵本作家。代表作に「だるまちゃん」シリーズ、「かこさとしからだの本」シリーズなど。

高村 薫（たかむら・かおる）
1953年大阪市生まれ。作家。代表作に『レディ・ジョーカー』（97年）、『太陽を曳く馬』（09年）など。

稲川淳二（いながわ・じゅんじ）
1947年東京都生まれ。タレント、工業デザイナー、怪談家。テレビ、ラジオ、怪談ライブなどで幅広く活躍。

降旗康男（ふるはた・やすお）
1934年長野県生まれ。映画監督。代表作に「鉄道員（ぽっぽや）」（99年）、「ホタル」（2001年）、「少年H」（12年）など。

市原悦子（いちはら・えつこ）
千葉市生まれ。女優。代表的な出演作にドラマ「家政婦は見た」、「まんが日本むかし話」、映画「黒い雨」など。

倉本 聰（くらもと・そう）
1935年東京都生まれ。脚本家、作家、劇作家、演出家。代表作に「北の国から」、「前略おふくろ様」、「風のガーデン」など。

鈴木瑞穂（すずき・みずほ）
1927年中国東北部出身。俳優。出演舞台に「炎の人」、「ヘンリー六世」など。他、映画、ドラマ、声の出演多数。

村山 斉（むらやま・ひとし）
1964年東京都生まれ。理論物理学者。カリフォルニア大学バークレー校教授、東京大学カブリ数物連携宇宙研究機構機構長、特任教授。

田沼武能（たぬま・たけよし）
1929年東京都生まれ。写真家。日本写真著作権協会会長。世界中の子どもたち、芸術家の肖像などを撮り続ける。

山川静夫（やまかわ・しずお）
1933年静岡県生まれ。元NHKアナウンサー、エッセイスト。「紅白歌合戦」「ウルトラアイ」などの司会を務めた。

橋田壽賀子（はしだ・すがこ）
1925年韓国ソウル生まれ。脚本家。代表作に「おしん」「渡る世間は鬼ばかり」「となりの芝生」など。

益川敏英（ますかわ・としひで）
1940年愛知県生まれ。理論物理学者。名古屋大学特別教授・素粒子宇宙起源研究機構機構長、京都大学名誉教授。2008年ノーベル物理学賞受賞。

那須正幹（なす・まさもと）
1942年広島県生まれ。児童文学者。代表作に「ズッコケ三人組」シリーズ、『絵で読む広島の原爆』（95年）など。

人生《じんせい》の流儀《りゅうぎ》

2016年11月20日　初　版
2016年11月25日　第2刷

著　者　萩本欽一・加古里子・高村　薫
稲川淳二・降旗康男・市原悦子
倉本　聰・鈴木瑞穂・村山　斉
田沼武能・山川静夫・橋田壽賀子
益川敏英・那須正幹

発行者　田　所　稔

郵便番号　151-0051　東京都渋谷区千駄ヶ谷4-25-6
発行所　株式会社　新日本出版社
電話　03（3423）8402（営業）
03（3423）9323（編集）
info@shinnihon-net.co.jp
www.shinnihon-net.co.jp
振替番号　00130-0-13681

印刷・製本　光陽メディア

落丁・乱丁がありましたらおとりかえいたします。

ISBN978-4-406-06071-4 C0095　Printed in Japan